押野素子［著］
MOTOKO OSHINO

JAY［イラスト］

今日から使える ヒップホップ用語集

THE
JAPANESE
BEGINNER'S
GUIDE TO
HIP-HOP
SLANG

スモール出版

INTRODUCTION
はじめに

　冒頭から告白するが、実のところ、本書は名前にちょっぴり偽りがある。タイトルに「今日から使える」とあるが、使えない（使わない方がいい）表現もかなり載っているのだ。「ってことはこの本、何の存在意義もないのでは？」と思われるかもしれないが、それは早計である。

　アメリカのヒップホップにまつわるスラングや慣用表現は、ビジネス・シーンなど公の場では使われなくても、リアリティ番組や日常会話などで使われる機会も多い。そして、自らそれらの言葉を使わなくても、リスナーとしてラップを楽しむ時や、ヒップホップ・アーティストのインタヴューなどを読む時に意味を知っておけば、それらをより深く理解する手助けとなるのだ。その意味では、「使える」の名前に偽りはない。

　本書に掲載されている用語／フレーズは、ヒップホップ界で使われる基本の「き」を押さえたごくベーシックなものが大半なので、コアなヒップホップ・ファンや、アメリカのブラック・カルチャーに造詣が深い人には馴染みのある言葉が多いだろう。そこで、本書では特に「言葉の背景にあるカルチャー、使用時のニュアンス、具体的な使用例」に重点を置いて、アメリカでヒップホップを聴いて育ったアフリカン・アメリカンの男女2名（後述）と確認・調整を行いながら原稿を執筆した。

　本書の用語／フレーズを実際に使う場合、侮辱的な表現や下品な表現もあるため、まずは気心の知れた相手に試してみよう。ヒップホップやスラングに対する理解度・許容量は、年代や性別、育った環境によっても異なるため、スラングを使用して相手の気分を

害してしまった場合は、素直に謝るのがベストだ。どんな言葉を使ったとしても、コミュニケーションにおいては相手を「リスペクト」する姿勢が何より重要となる。

　なお、本書に収録したフレーズは英語の対訳付きとなっている。英語力の向上を期待して本書を手に取ってくれた英語学習者の皆さんには、こうした用語／フレーズを通じてヒップホップ・カルチャーに触れ、英語に対する興味を培ってもらえれば幸いである（余談だが、筆者は帰国子女ではない。中学1年生当時は、bとdの区別もつかないほどの英語オンチだったが、洋楽を聴くようになって英語がいつの間にか得意になっていた。音楽や映画、ファッションなど興味の対象を見つけ、そこから英語を学ぶと成果が出やすいことを経験から理解している）。

　本書の企画・編集でスーパー・ナイス・アシストをしてくれたスモール出版の三浦修一氏、とことんイルなイラストを描いてくれたJAY氏、最高にクールなデザインをしてくれた折田烈氏にこの場を借りて謝辞を。また、本書はハワード大学時代からの盟友Amen Wilson氏、サンフランシスコ州立大学准教授（アフリカーナ研究）の同志Dawn-Elissa Fischer氏の協力なしには完成しえなかった。そして、特に何もしていないが、夫のJermaine Matthewsにもシャウトアウトを。皆さん、本当にありがとうございました。

2017年8月　押野素子

HOW TO READ THIS BOOK
ページの見方

ヒップホップ用語名

日常会話での実用度
(「5本マイク」で満点)

用語の意味

語源や
バックグラウンド
などの解説

40

The Japanese Beginner's Guide to Hip-Hop Slang

GANGSTA
ギャングスタ

実用度：
🎤🎤🎤🎤🎤

名 形「ギャング／犯罪組織の一員」を意味する。原語はギャングスター (Gangster) だが、黒人の発音では「er」が落ちることが多いため、ギャングスタ (Gangsta) となった。略称は「G」。

　ギャングスタとは、犯罪組織の一員を意味する言葉だが、本流の社会基準から外れた出来事、活動、行動、人物などを表す言葉としても使われる。また、大胆不敵で強引な人物／行動についても、ギャングスタが使われる。

　ギャングスタの生活や思想をラップするスタイルを「ギャングスタ・ラップ」と呼ぶ。アイス・Tやスヌープ・ドッグといったハンパない経験を持つ年季の入ったギャングスタ・ラッパーは、OG (Original Gangsta) と称されてリスペクト *(P.122)* される。その一方で、レコーディング・スタジオ内だけでギャングスタを気取るラッパーは、スタジオ・ギャングスタ (Studio gangsta) と呼ばれて冷笑される。また、服装や言動だけギャングスタを真似しながらも、実際にはギャングスタなことなど何ひとつしたことのない弱虫は、ワンクスタ (Wanksta) と呼ばれる (命名は50セント。P.26参照)。

> # 上司(ボス)に残業を命じられたけど、「ノー」って言って退社した。俺はギャングスタだからな!
>
> *My boss demanded that everybody work overtime. But I said "No" and left cuz I'm a Gangsta!*

日常会話で使う際の
実例フレーズ
(英語対訳付き!)

様子/行動

MEMO

「体制に従わない大胆不敵な人物」という意味で使ってみた例。実際にギャングのメンバーでなくても、権威や常識に迎合せず、ストリート・ライフやストリート・カルチャーを体現する人のことをギャングスタと称することができる。

Snoop Dogg

用語を使う際の
ポイントや、注意点、
豆知識など

CONTENTS
もくじ

はじめに 2
ページの見方 4

第1章
貶(けな)し言葉／褒め言葉

01	アス	ASS	12
02	ファック	FUCK	14
03	マザーファッカー	MOTHERFUCKER	16
04	シット	SHIT	18
05	サッカー	SUCKER	20
06	ディック	DICK	22
07	ワック	WACK	24
08	ワナビー	WANNABE	26
09	ドープ	DOPE	28
10	イル	ILL	30
11	デフ	DEF	32

COLUMN 1 恋愛とセックスにまつわるスラング Part1 ……… 34

第2章
音楽／ラップスキル

12	トラック	TRACK	36
13	クラシック	CLASSIC	38
14	サンプル	SAMPLE	40
15	ライム	RHYME	42
16	フロウ	FLOW	44

17	リリック	LYRIC	46
18	ビート	BEAT	48
19	ヴァース	VERSE	50
20	フック	HOOK	52
21	フリースタイル	FREESTYLE	54
22	パンチライン	PUNCHLINE	56
23	サイファー	CYPHER	58
24	フィーチャー	FEATURE	60
25	ミックステープ	MIXTAPE	62
26	ヴァイナル	VINYL	64
27	プロデュース	PRODUCE	66
28	ドロップ	DROP	68
29	クロスオーバー	CROSSOVER	70
30	アンダーグラウンド	UNDERGROUND	72

COLUMN 2 恋愛とセックスにまつわるスラング Part2 ……………………74

第3章
街／ファッション

31	ウェッサイ	WESTSIDE	76
32	サウス	SOUTH	78
33	ストリート	STREET	80
34	ゲットー	GHETTO	82
35	フッド	HOOD	84
36	プロジェクト	PROJECT	86
37	グリル	GRILL	88
38	ブリング	BLING	90
39	スワッグ	SWAG	92

COLUMN 3 恋愛とセックスにまつわるスラング Part3 ……………………94

第4章
様子／行動

40	ギャングスタ	GANGSTA	96
41	サグ	THUG	98
42	ハードコア	HARDCORE	100
43	コンシャス	CONSCIOUS	102
44	オールドスクール	OLD SCHOOL	104
45	セルアウト	SELL-OUT	106
46	チル	CHILL	108
47	ブージー	BOUJEE	110
48	ストリート・スマート	STREET-SMART	112
49	ディグ	DIG	114
50	ディス	DIS	116
51	ハスル	HUSTLE	118
52	ビーフ	BEEF	120
53	リスペクト	RESPECT	122
54	レペゼン	REPRESENT	124
55	スキット	SKIT	126
56	ボースティング	BOASTING	128
57	ヴァイブス	VIBES	130

COLUMN 4 恋愛とセックスにまつわるスラング Part4 ……… 132

第5章
仲間／女性／他人

58	クルー	CREW	134
59	ホーミー	HOMIE	136
60	ヘッド	HEAD	138
61	Bボーイ	B-BOY	140

62	ピンプ	PIMP	142
63	チック	CHICK	144
64	ビッチ	BITCH	146
65	ホー	HOE	148
66	ゴールド・ディガー	GOLD DIGGER	150
67	コンペティション	COMPETITION	152
68	ファイヴ・オー	FIVE-O	154
69	バビロン	BABYLON	156
70	ヘイター	HATER	158
71	ニガ	NIGGA	160

COLUMN 5　ドラッグにまつわるスラング　164

第6章
挨拶／定番フレーズ

72	イン・ザ・ハウス	IN THE HOUSE	166
73	ギブ・イット・アップ	GIVE IT UP	168
74	プチャヘンザ	PUT YOUR HANDS UP	170
75	A.K.A.	A.K.A.	172
76	ピース・アウト	PEACE OUT	174
77	R.I.P.	R.I.P.	176

インデックス　178
ボーナスコミック　182

THE JAPANESE BEGINNER'S GUIDE TO
HIP-HOP SLANG

第 1 章

貶(けな)し言葉／褒め言葉

ASS
FUCK
MOTHERFUCKER
SHIT
SUCKER
DICK
WACK
WANNABE
DOPE
ILL
DEF

ASS
アス

実用度:

名 バカもの、ろくでなし、嫌なヤツという意味で使う。原義は尻。

　ヒップホップをはじめとするブラック・カルチャーでは、一般に乳房よりも尻を愛でるのがオツとされており、この「尻愛ブーム」は1990年代後半からメインストリーム・カルチャーにも波及しはじめ、現在まで続いている。そんな背景もあり、「尻」という原義を持つ「アス」という単語は、ヒップホップ界における最重要語のひとつだ。元祖クイーン・オブ・尻マンジャロはジェニファー・ロペス（天然尻）だが、近年はキム・カーダシアン（リアリティ番組スター／カニエ・ウェストの妻）やニッキー・ミナージュなど、養殖尻（尻コンともいう）が天然尻を凌駕している。

　ちなみに英語の日常会話では「バカもの」「ろくでなし」という意味だけでなく、ブローク（Broke／金がない）といった形容詞にくっつけることで「ブローク・アス（Broke-ass／超ビンボーな）」といった具合に前の言葉を強調することもできる。

第1章 貶し言葉／褒め言葉

あんたって、何でそんなにアス野郎なの？

*Why're you acting like an **ass**?*

> **MEMO**
>
> 日本語の「クソ野郎」のようなニュアンスで使ってみた例。汚い言葉なので、ビジネス・シーンでの使用は不可である（ただし、音楽業界／ヒップホップ業界においては、その限りではない）。なお、アスとほぼ同義でアスホール（Asshole／尻の穴→嫌なヤツ、最低な野郎）という言葉もある。

Nicki Minaj

FUCK
ファック

実用度：
🎤🎤🎤🎤🎤

間投 **動** **名**「くそっ、ちくしょう」「(強意語として)一体全体、すごく」「セックスする、めちゃくちゃにする」「性交」……その他、相手を罵る時に使われる。

「Fワード（F-word）」として知られる同語は、ヒップホップ界のみならず、アメリカをはじめとする英語圏で非常に使用頻度が高い言葉。その使い方は多岐にわたり、ここですべてを説明するのは不可能だ。

英語のネイティヴ・スピーカーは「What the fuck?（何だって？）」と普通の会話の間に「ファック」を挟んだりくっつけたりすることで、驚きや苛立ち、困惑を強調する。また、「You're fucking amazing!（お前、ファッキン最高だな！）」というように、「ファッキン」を間に入れることで、次に来る形容詞が強調される（「ファッキン」は卑語のため、「Freakin'（フリーキン）」という言葉を代わりに使うことも多い）。アメリカではリアーナやジェネイ・アイコといったビューティホーな女性アーティストすら、ライヴ中に「ファック」や「ファッキン」を連発する。

1日働いた後のビールは ファッキン・グッド！

*Beer tastes **fucking** good after a hard day of work!*

MEMO

「ファッキン・グッド」は日本語の「クソ最高」に近い意味となる。「ファック・オフ！（Fuck off／消え失せろ！）」など、Fワードは使い方によってはひどい侮蔑にもなるので注意しよう。

第1章 貶し言葉／褒め言葉

Jadakiss

MOTHERFUCKER
(MUTHAFUCKA, MF, MUTHA, MOFO)
マザーファッカー（マザファカ）

実用度：

間投 名 「てめえ！」「クソったれ！」といった間投詞のほか、「バカ野郎」「最低なヤツ」といった意味で使われる。「難しいこと、厄介なこと」という意味でも使われるほか、「最高のもの／人」「すごいもの／人」「仲間」といった良い意味でも使われる。

「マザーファッカー」は、「見下げた野郎をさらに見下げる言葉」なのだが、それ以外にも多様な意味／用法がある。人気コメディアン、故バーニー・マックの言葉を借りれば「これは黒人が昔から使っている慣用表現で、人や場所、物事を指す代名詞」なので、あらゆる名詞が「マザーファッカー」に置き換えられる。

マザーファッカーは愛情を込めた呼びかけとしても使われる。北野武が映画『アウトレイジ ビヨンド』(2012年)での「バカヤロー」の多用について、「下町でバカヤローってのは、怒ってるわけじゃなく、(会話の)間に挟む言葉だ」と語り、「心配したぞ、バカヤロー」「元気か、バカヤロー」と使用例を挙げていたが、この「バカヤロー」の使い方は「マザーファッカー」のそれとまさしく同じだ。

クソッ、マザーファッカーな暑さだな!

*Damn, it's hot like a **motherfucker**!*

MEMO

「ハンパない」という強調表現として使ってみた例。「マザーファッカー」はFワードを含んでいる下品な言葉なので、フォーマルな場所では使わない方がいい。

第1章 貶し言葉／褒め言葉

Cypress Hill

SHIT
シット

実用度:
🎤🎤🎤🎤🎤

名 戯言(ざれごと)、くだらないこと、最低なヤツ、という意味で使う。原義は糞、大便。
間投 クソッ！ しまった！

　ヒップホップ界に限らず、英語圏の日常会話で多用される言葉（下品なのでビジネス・シーンでは使用不可）。シットは、あらゆる名詞を代用する便利な言葉でもある。例えば「そのシットを取ってくれない？（Can you pass me that shit?）」という代名詞的な使い方もできる。このシットはたんに「それ」という意味であり、特に悪いニュアンスはない。

　「シット」だけだと「最悪の」という意味になるのに対し「ザ・シット」と「ザ」がつくと「最高の」という全く逆の意味になる。シットは間投詞（感嘆詞）としてもよく使われる言葉で、「クソッ！」「しまった！」などの意味を持つが、「シット」と言えない場所では「シュート（Shoot）」が代わりに使われる。

フランク・オーシャンの歌詞(リリック)は**ザ・シットだ！**

*Frank Ocean's lyrics are **the shit**!*

> **MEMO**
>
> 「最高」という意味でザ・シットを使ってみた例。悪い意味で使う場合は「ザ」を付けずに、「お前はシット(最低)だな！(You ain't shit!)」と言う以外にも、言い訳がましい人などに対して「あんたはフル・オブ・シット(デタラメばっかり)だ！」と言って非難することもできる。

Wu-Tang Clan

第1章 貶し言葉／褒め言葉

05

The Japanese Beginner's Guide to Hip-Hop Slang

SUCKER
サッカー

実用度：

名 イケてないヤツ、カモ、弱虫、騙されやすい人、マヌケ。

　ヒップホップ界では、敵／コンペティション (P.152) をディスる (P.116) 言葉が頻繁に使われる。「サッカー」もそんな貶し言葉のひとつだ。

　サッカーを使ったリリック (P.46) の代表的な例としては、RUN-DMCの曲「Sucker M.C.'s」(1983年) が挙げられる。この曲では、「Youse a sucker MC, and you're my fan（お前はサッカーMC、俺のファン）/ You try to bite lines, but rhymes are mine（俺のラインを真似しようとしてるが、そのライム (P.42) は俺のもの）」といった調子で相手をコケにする目的でサッカーが使用されている。

　ちなみに「サッカー・フォー・○○（Sucker for ○○）」は「○○を異常なほど愛する人（○○に目がない人）」という意味だ。

第1章

貶し言葉／褒め言葉

お前は惨めなサッカーだ。

*You're a sorry-ass **sucker**.*

> **MEMO**
>
> 貶し言葉としてのサッカーは、「アホ／マヌケ」を意味する「チャンプ(Chump)」「パンク(Punk)」「フール(Fool)」などとほぼ同義で使われる。ラップ・バトルでは貶し言葉の語彙が多い方が有利だが、日常会話で使うときはTPOに注意しよう！

RUN-DMC

DICK
ディック

実用度：
🎤🎤🎙🎙🎙

名 男性器、ペニス。愚か者、アホ、間抜け、嫌なヤツ、ぼんくら、能なしという意味でも使われる。

　「ディック」は男性器を意味する俗語として、英語圏では最も一般的な言葉だ。元来はリチャード(Richard)のニックネームなのだが、ペニスを意味するようになったのは1890年代にイギリス軍隊がスラングとして使っていたのが広まったため、という説が有力。男性器を意味する語として「コック（Cock）」も使われるが、こちらは主に白人男性が使っているようである。男性器の正式名称はPenis。日本語では「ペニス」と発音する同語だが、英語発音をカタカナ表記した場合は「ピーナス（ピーニス）」となる。

　ちなみに一般的なスラングではないが、50セントは「マジック・スティック（Magic stick→魔法の棒）」や「ロリポップ（Lollipop→棒付きのキャンディ）」という言葉を使って、自分の男性器を表現している。

第1章　貶し言葉／褒め言葉

彼女はなんで
いつもディックヘッドとばかり
付き合ってるのかな……

*I wonder why she always dates **dickheads**...*

MEMO

この「ディックヘッド (Dickhead)」は直訳するとチン○頭。「アス (Ass)」や「アスホール (Asshole)」と同義で「クソ野郎」という意味の侮辱的な言葉なので、相手を真剣に貶したい場合か、仲が良い相手に冗談で言う場合以外は使わない方が無難だ。

Missy Elliott

WACK
ワック

実用度：

形 下手な、ダサい、スキルのない、低級なという意味で使う。類義語は「レイム（LAME）」。

レジナルド・C・デニス（『ソース』誌の元編集者／『XXL』誌の創設者）によれば、「ワック」は70年代のニューヨークで「PCP（エンジェル・ダスト）」というドラッグを意味していたそうだ。シュガーヒル・ギャングの「Rapper's Delight」(1979年)の中で「ワック」が使われる頃には、現在の意味に変化しており、「デフ（DEF）」(P.32)の反対語として使われていたという。

なお、「ワック」のスペルは「Wack」と「Whack」の2種類が混在しているが、当初は「Wack」だったようだ。「俺がソース誌の音楽編集者だった頃、ヒップホップ用語のスタイルガイドを作ったが、当時WackにはHが入っていなかった。ヒップホップ（が社会に及ぼす影響）が大きくなるにつれて、この原則が崩れてきたんだ」（レジナルド・C・デニス）。

あいつは、仕事があまりに**ワック**だったからクビになった。

*He was fired for doing such a **wack** job.*

MEMO

「低レベル」という意味で使った例。「ワックな（つまらない）映画」「ワックな（しょぼい）曲」「ワックな（ダサい）ヤツ」など、何かを批判する時に使ってみよう。

MC Hammer

08

The Japanese Beginner's Guide to Hip-Hop Slang

WANNABE
ワナビー

実用度：

名 形「（自分とは別の）誰かになりたがっている人」「（自分とは別の誰かを）真似する人」を意味する。

　「ワナビー」は「Wanna be（～になりたい）」が「Wannabe」という形容詞／名詞となって生まれた言葉だ。「なりたがっている＝頑張ってもなれない」ということなので、「自分とは違う何かになりたがり、無理しているイタい人」といった批判的なニュアンスを含むことが多い。

　ヒップホップの世界では、黒人の仲間になろうと無理をする白人が常に存在してきた。特に90年代、こうした「黒人になりたい白人（a white person who wants to be black）は「ウィガー／ウィガ（Wigger／Wigga）」と呼ばれて冷笑されたが、近年はヒップホップがメインストリーム・カルチャーとして定着したためか、「ウィガー」はほとんど使われなくなった。また、50セントは「ギャングスタ（P.96）気取りのワナビー」のことを「ワンクスタ（Wanksta）」と呼んでいた（50セント以外は、この言葉をほとんど使っていない）。

カイリーは唇と尻を膨らましてる。黒人女子のワナビーだな。

*Kylie had some lip and butt fillers.
She's a **wannabe** black girl.*

第1章 貶し言葉／褒め言葉

> **MEMO**
>
> 「(黒人に) なりたがっている人」という意味で使った例。ワナビーは、例えば「ワナビー・ギャングスタ (ギャングスタになりたい人＝不良ぶっている人)」など、名詞の前にくっつけて使うこともできる。

Vanilla Ice

09

DOPE
ドープ

実用度:
🎤🎤🎤🎤🎤

名 形 やべえ、ぱねえ、最高、という意味で使う。原義は「薬物／ドラッグ」。

　「ドープ」は元来、ドラッグ（特にヘロイン）を意味するスラングで、ここから転じて「ドラッグをやっていい気持ちになる→素晴らしい／最高」を意味するようになった。薬物としてのドープは、ヘロイン、コカイン、クラック・コカイン（クラック）、マリファナ、メタンフェタミン、MDMA（エクスタシー、モリーとも呼ばれる）など、違法薬物全般を指す場合もある。ドープ絡みでよく使われるフレーズとしては、「ドープ・マン（Dope man／ドラッグの売人）」、「ドープ・フィーンド（Dope fiend／ドラッグ中毒者）」などがある。

　R&Bの歌詞では、「愛」を「ドラッグ」に例えることも多く、例えばラヒーム・ディヴォーンの「Love Drug」(2008年)では、「I'm a lovaholic for you.（俺はお前のラヴ中毒）／Plus the fact that my love is dope（それに俺の愛はドープ）／You got me hooked.（俺はお前にどハマリ）」と歌われている。

この曲、超ドープ(トラック)じゃん！

*Man, this track is so **dope**!*

> **MEMO**

「カッコいい」という意味で使った例。ヒップホップ界では、薬物としての「ドープ」と、「やべえ」という意味での「ドープ」の両方が使用される。なお、日本語でもよく使われる「ドーピング（スポーツ選手が運動能力を高めるため、禁じられた薬物を用いること）」は、このドープから派生した言葉だ。

第1章 貶し言葉／褒め言葉

Pharrell Williams

10

The Japanese Beginner's Guide to Hip-Hop Slang

ILL
イル

実用度：
🎤🎤🎤🎤🎤

名 クレイジー、やべえ、ぱねえ、最高のという意味で使う。原義は、病気の、邪悪な、不吉な。最上級は「イレスト（Illest）」。

　ヒップホップやブラック・カルチャーでは、元来は悪い意味を持つ言葉が、「最高の」といった良い意味に転化することが多い。「バッド（Bad／悪い→素晴らしい）」は広く認知されているが、イルも同様に、「最高」「見事」「何かに関して抜群のスキルを持っている様子」などを意味する。イルと同じく元来は「病んだ」という意味を持つ「シック（Sick）」も、「クレイジー」であることが良しとされるヒップホップの文脈では、ポジティヴな意味で使われることが多い。

　例えば、ペンシルヴァニア州フィラデルフィアをイルと引っ掛けて「イラデルフィア（Illadelphia）」という愛称で呼ぶこともあるが、この「イル」はまさに「最高の、クールな」という意味だ。

最高にイルな MCは誰だ?

*Who is the **illest** MC?*

第1章

貶し言葉／褒め言葉

> **MEMO**
>
> 人物でもラップのスキルでもファッションでも、何かを褒める時に「イル」を使ってみよう。ただし、イルは90年代によく使われていたスラングで、2000年代以降はそこまで頻用されていない。

NAS

DEF
デフ

実用度:
🎤🎤🎙🎙🎙

名 素晴らしい、クールな、最高な、カッコいい、やべえ、ぱねえの意味で使われる。

副 DEFINITELY（間違いなく、確かに）の短縮形。

　アフリカン・アメリカン研究で名高いジェニーヴァ・スミザーマン博士による著書『Black Talk: Words and Phrases from the Hood to the Amen Corner』によれば、DEFは「Do it to DEF（徹底的にやる、最高の状態になるまでやり通す）」というフレーズから派生し、転じて「素晴らしい、クールな、最高な」を意味するようになったという。なお、このDEFはDeath（死）を意味する。同書によれば、黒人英語では「th」の発音が無声の場合、「t」または「f」と発音される傾向があり、「Death」が「DEF」になったという。

　ラッセル・シモンズがプロデューサーを務め、クリス・タッカーやデイヴ・シャペル、バーニー・マックなど人気黒人コメディアンを多く輩出したテレビ番組『Def Comedy Jam』(1992〜1997年)の「デフ」も、「最高の／クールな」を意味している。

昨夜のライヴが
あまりにデフだったから、
今日もまた来てしまった。

*His live show was so **def** last night,
I had to come back again tonight.*

第1章 貶し言葉／褒め言葉

> **MEMO**
>
> 「最高」という意味の類義語は「クール(Cool)」「ドープ(Dope)」「フレッシュ(Fresh)」「ヒップ(Hip)」「ストレイト(Straight)」「スウィート(Sweet)」などがある。なお「デフ」が最も多用されていたのは、1980年代から1990年代前半のこと。現在はあまり使われていない。

LL COOL J

COLUMN 1

恋愛とセックスにまつわる
スラング Part1

　当コラム・ページでは、クラブから始まる出会いをシミュレーションしながら、「恋愛関係」で使われる単語／フレーズを紹介しよう。

　クラブに足を踏み入れると、誰もが「TURNED UP／TURNT UP／TURNT（＝興奮して大騒ぎ）」していて、パーティは「LIT／POPPING（＝盛り上がりまくり）」。目に入ってくるのは、ビューティホーな「SHORTY／SHORTIE（＝女性）」たち。アメリカ（音楽業界やハリウッドを除く）では「Beautiful ladies, make some noise!!」というコールに、マツコ・デラックス級のふくよかな女性たちも躊躇なくレスポンスできるほど「ビューティホー・レディー」の範囲が広い。メイクもドレスも完璧にキメている女性には、「YOU'RE KILLING IT!／YOU'RE SLAYING IT!（＝最高にキマってるよ！）」と声を掛けてあげよう。そして、やはりクラブで目を引くのは、セクシーに「TWERK（＝尻を激しく振るダンス）」している「HOT（＝セクシー）」な女性だろう。酔いが回ってくれば、「GHETTO BOOTY／BADONKADONK／JUNK IN THE TRUNK（＝大きくて魅力的なお尻）」を持っている女性なら「BANGABLE／FUCKABLE／DOABLE（＝ヤれる）」と思う男性も多い模様。しかし、せっかくなら「DIME／DIMEPIECE（＝10点満点の女性）」と知り合いになり、「DIGITS（＝電話番号）」をゲットしたいところだ。

（☞P.74へ続く）

THE JAPANESE BEGINNER'S GUIDE TO
HIP-HOP SLANG

第2章

音楽／ラップスキル

TRACK
CLASSIC
SAMPLE
RHYME
FLOW
LYRIC
BEAT
VERSE
HOOK
FREESTYLE
PUNCHLINE
CYPHER
FEATURE
MIXTAPE
VINYL
PRODUCE
DROP
CROSSOVER
UNDERGROUND

TRACK
トラック

実用度：

名 アルバムなどを構成する「楽曲」を意味する。また、プロデューサーが作る「ビート」とほぼ同義で使われることもある。

　アルバムやシングルの1曲目を「トラック1」、2曲目を「トラック2」と表示するように、トラックは「楽曲」を意味する。類義語の「ソング（Song）」はボーカルを含む楽曲を意味するが、「トラック」にはボーカルを含む楽曲（ソング）に加え、ボーカルなしの楽曲や、スポークン・ワード／ラップ入りの楽曲も含まれる。つまり、「ソング」はすべて「トラック」に含まれるが、「トラック」が「ソング」だとは限らない。

　日常会話で使われる一般的な「トラック」は上記を意味するが、音楽制作の際に使われる「トラック」には、また別の意味がある。「ヤマハ音楽用語辞典(www.yamaha.co.jp/plus/word/)」によれば、音楽制作におけるトラックは「テープレコーダやシーケンスソフトで音楽情報を記録する時に使われる入れ物」とされている。ボーカルや楽器など、複数の音を並行して別々のトラックに録音し、それらをミックスする（混ぜる）ことで楽曲が完成しているのだ。

2パックは、たくさんの未発表トラックを遺した。

*2pac left a lot of unreleased **tracks**.*

MEMO

「楽曲」という意味で使った例。なお、日本では「曲を作る人」という意味で「トラックメイカー」という言葉が使われるが、アメリカでは「ビートメイカー(Beatmaker)」や「プロデューサー(Producer)」という言葉が一般的だ。

第2章 音楽／ラップスキル

The Roots

CLASSIC
クラシック

実用度：

名 形（古典となる）傑作。第一級作品を意味する。

　「クラシック」は、ヒップホップに限らず「名作、傑作」の意味で広く一般的に使われる言葉だ。「定番」という意味もあるので、何度聞いても笑えるジョークやネタ、誰かの特徴的な行動を表す時にもクラシックが使われる。

　カニエ・ウェスト、ラキム、NAS、KRS・ワンによるコラボ曲「Classic (Better Than I've Ever Been)」(2007年)の中では、カニエが「If it's classic, it's gon' last forever then（曲がクラシックなら、永遠に残る）」、NASが「I'm classic like the Air One's（俺はナイキ・エア・フォース・ワンみたいにクラシック）」、ラキムが「Timeless, so age don't count in the booth（時代を超越、ってことはスタジオの中では歳なんて関係ない）」と、それぞれタイムレスな（時代を超越した）クラシックをテーマとしたライム (P.42) を披露している。

昨日のプリモのライヴは最高だった！クラシックかけまくり！

*Primo's show last night was awesome!
He played **classic** after **classic**!*

第2章

音楽／ラップスキル

MEMO

ここでのクラシックは「名曲」という意味で、プリモ（DJプレミア）がバッハやベートーヴェンをかけたわけではない（ちなみにクラシック音楽は英語でクラシカル・ミュージック<Classical music>という）。

Gang Starr

SAMPLE／SAMPLING
サンプル／サンプリング

実用度：

名 曲や映画等の一部を抽出（サンプル）し、それを他の曲や作品に使用すること。

　動詞として使う場合は「サンプルする」と言う。ヒップホップ曲の土台としてサンプルされる曲の中でも特によく知られているのは、ジェイムズ・ブラウンの「Funky Drummer」(1970年)でクライド・スタブルフィールドが演奏したドラムブレイクだ。N.W.Aの「Fuck Tha Police」(1988年)、パブリック・エネミーの「Fight the Power」(1989年)といったクラシック(P.38)から、ニッキー・ミナージュの「Save Me」(2010年)に至るまで、これまで1000曲以上の楽曲に使用されている。

　サンプリングを大々的に使い、楽曲の土台としてきた音楽はヒップホップだが、サンプリングの歴史はより古く、1967年にビートルズがフランス国歌「La Marseillaise」を「All You Need Is Love」のイントロに流用したことも、広義ではサンプリングと考えることができる(ウェブサイト Who Sampled〈http: whosampled.com〉より)。

"アーメン・ブレイク"は、多くの曲でサンプルされている。

*The "Amen break" is **sampled** in so many songs.*

第2章
音楽／ラップスキル

MEMO

サンプリングは、音楽用語としてだけでなく、「引用」という意味で比喩的に使ってもいい。例「クエンティン・タランティーノは、過去の映画の名シーンやサントラをサンプリングして自分の映画に使っている」。サンプリングする時は、元ネタへのリスペクトが重要だ。

DJ Jazzy Jeff & the Fresh Prince

RHYME
ライム

実用度：
🎤🎤🎤🎤🎤

名 動 韻、韻を踏む、ラップするという意味。

　「ライム（押韻：韻を踏むこと）」とは、「同一、または類似の韻を持った言葉を一定の箇所に用いる」ことで、元々は詩（ポエトリー）の世界で使われていた言葉。ヒップホップの世界では、「韻を踏む」ことを特徴とする「ラップ」と同義で使われることも多い。ラッパーがライムすることによって、心地良いリズム感が生まれる。

　ライム（押韻）のパターンのことを「ライム・スキーム（Rhyme scheme）」という。マルチシラブル・ライム（2音節以上でライムすること）や、インターナル・ライム（1ラインで複数回ライムすること）など、ライム・スキームのヴァリエーションは限りなく存在し、MFドゥーム、ラキム、エミネム、アンドレ3000、ヤシーン・ベイ、ケンドリック・ラマーなどが、複雑なライム・スキームを持つラッパーとして知られている。

あんた、MCなの？ それじゃ、さっくりライムしてみなよ。

*You're an MC? Okay, bust a **rhyme** real quick.*

第2章　音楽／ラップスキル

MEMO

「ラップ」と同義で使った例。「フロウ（Flow）」や「スピット（Spit）」、「ロック・ザ・マイク（Rock the Mic）」もライムとほぼ同義だ。

Big Daddy Kane

FLOW
フロウ

実用度：
🎤🎤🎤🎤🎤

動 名 ヒップホップでは「ビートに乗って（滑らかに）ラップすること」を意味する。原義は「流れる／流れ」。

　「フロウ」は、「ビートに乗ってラップをすること」を意味するが、とりわけラップが上手い人に対して使われることが多い言葉だ。フロウと関連して「デリヴァリー（Delivery）」という言葉もよく使われるが、「フロウ」は「どのようにビートに合わせてラップをするか」のみを示すのに対し、「デリヴァリー」は「フロウに加えて、声の調子、ピッチ、大きさや発声を含めた、ラップの仕方」を示す。

　2012年にニューヨーク・タイムズ紙に掲載された「オバマの英語（Obama's English）」という記事によれば、オバマ元大統領も「フロウ」という言葉を使うそうで、政治家がごく自然にヒップホップ用語を使うのは非常に珍しい、とされている。

彼のフロウは
とてもスムースだ。

*His **flow** is so smooth.*

MEMO

日常会話では、フロウとラップ、ライム (P.42) はほぼ同じ意味で使える。例えば、上記のフレーズの「フロウ」を「ライム／ラップ」に置き換えても同じニュアンスの言葉として成り立つ。

Drake

第2章

音楽／ラップスキル

LYRIC
リリック

実用度：
🎤🎤🎤🎤🎤

名「(曲の)歌詞」を意味する（著者注：歌詞は複数の言葉から成り立つため、英語では通常「LYRICS（リリックス）」と複数形になる）。

　「リリック」はラップだけでなく、歌ものの歌詞も意味している。そして「リリックを書く人」のことを「リリシスト（Lyricist）」と呼ぶ。ヒップホップ界では「ラッパー（Rapper）」「MC（Master of Ceremony＝司会者／進行役→ヒップホップではラッパーを意味する）」とほぼ同義で使われることが多い。

　ただしヒップホップ原理主義者は、MC／リリシスト／ラッパーを区別することも多い。彼らにとっては「MC＝マスター・オブ・セレモニー。ラップだけでなく、ライヴで観客を盛り上げることもできる人物」「リリシスト＝優れたリリックを書く人物」「ラッパー＝単にラップをする人物」なのだ。こうした原理主義者は、メインストリームのヒップホップ・アーティストを「売れてはいるかもしれないが、リリックの内容やライム (P.42) のスキルが優れているわけではない」という批判を込めて「ラッパー」と呼ぶこともある。

ヤツはリリシストじゃない。
リリックが最悪だからな！

He ain't no lyricist.
*His **lyrics** suck!*

第2章
音楽／ラップスキル

> **MEMO**
>
> 「リリシスト」は特に優れたリリックを書くラッパーに対して使われるため、例えばNASやラキム、ローリン・ヒルはリリシストと呼ばれるが、フロー・ライダーのようなポップ系ラッパーは一般的にリリシストとは呼ばれない。

Eric B. & Rakim

# BEAT
ビート

実用度:

名 音楽用語で「拍」「拍子の一打ち」を意味する。文脈によっては「曲」「リズム」という意味にもなる。

ビートは、「1拍、2拍、3拍……」と、一定の速さで刻まれる。例えば、4/4拍子は、1小節に4分音符が4拍分（ビートが4つ）あることを意味し、8/8拍子なら1小節に8分音符が8拍分、16/16拍子なら1小節に16分音符が16拍分あることを意味する。ビートがこのような「規則的な音の刻み」であるのに対し、リズムは規則的である必要はなく、ビートの上に乗って自由なパターンを展開することができる。例えばジャネット・ジャクソンの「Nasty」(1986年)のイントロでは、規則的な音（ビート）がバックグラウンドに刻まれるのと同時に、ダンサブルなリズムも展開されている。

なお、ビートには「殴る」という意味もある。血気盛んなヒップホップ・アーティストは、上記の音楽的な意味よりも「I'ma beat your ass!（おいコラ、ぶん殴るぞ!）」という意味で「ビート」を使うことが多いかもしれない。

あいつは
ヤバいビートを作る！

*He makes hot **beats**!*

第2章

音楽／ラップスキル

MEMO

上記のように「ヤバいビート」などと言う場合は、「トラック (曲)」と同義である。また、ビートとリズムは厳密には別物だが、日常会話においてはほぼ同義で使われることも多い。

Doug E. Fresh

VERSE
ヴァース

実用度:
🎤🎤🎤🎤🎤

名 フックの前の序奏部を指す。原義は散文、詩歌、詩編。(歌の) 節。

　ヒップホップの楽曲は、主に「イントロ」「ヴァース」「フック (P.52)」という3つの要素で構成される。まずはイントロから曲が始まり、イントロが終わるとファースト・ヴァース(1番)に突入する。ヴァースの数は2〜4つ。ヴァースは曲の中で最大部分を占め、多くの情報が含まれる。長さは自由だが、標準は16小節であることから「16バーズ(bars)」と呼ばれることもある。

　ヴァースが終わると、次に来るのはフック(サビ)だ。これは、楽曲の中で最も印象に残る箇所となる。フックは、歌のみ、ラップのみ、両者の混合の構成がある。ポップな楽曲になるほど、歌のフックが多い傾向にある。

ヤツはイルな
ヴァースをかました。

*He dropped an ill **verse**.*

第2章 音楽／ラップスキル

MEMO

「ヴァース」はヒップホップだけでなく、ロックやポップスの曲にも使える言葉だ。例えば「この曲の1番の歌詞が最高でさぁ〜」と言う代わりに「この曲、ファースト・ヴァースのリリックが超イルでさぁ〜」と言うことができる。

KRS-ONE

HOOK
フック

実用度:

名 (曲の)聴かせどころ、サビを意味する。

　「フック」とは元来、留め金、ホック、鉤、釣り針など、「引っかける物」を指す言葉だが、音楽の世界では、人の心に引っかかり、強い印象を残すキャッチーなメロディやリズムを「フック」と呼び、フックが曲の中でも覚えやすい部分となる。なお、「フック」は「ファースト・ヴァース (P.50)」の次に登場し、「セカンド・ヴァース (2番)」の後にまた繰り返されることが多い。また、フックにつながる伴奏部分などを「ブリッジ (Bridge)」と呼ぶ。ブリッジは、メインのメロディとは異なるメロディを持つパートで、通常は「セカンド・ヴァース→フック→ブリッジ→フックに戻る」といった流れで登場し、転調を伴うことも多い。

　音楽的な「フック」の意味は上記の通りだが、「フック」は他にもスラングで多用されている。例えば、フック・アップ・ウィズ・○○ (Hook up with ○○)」と言えば、「○○とセックスする／イチャイチャする」という意味にもなる。

ブルーノ・マーズの曲はフックがいい。

*Bruno Mars' songs always have good **hooks**.*

第2章　音楽／ラップスキル

> **MEMO**
>
> 「サビ」の代わりに「フック」と言ってみよう。なお、ロックやポップスでは「コーラス（Chorus）」もサビという意味で使われる。

Naughty By Nature

21

The Japanese Beginner's Guide to Hip-Hop Slang

FREESTYLE
フリースタイル

実用度:

名 形 動 ヒップホップでは「即興でラップすること」を意味する。

「フリースタイル」を直訳すると「自由形」。これは水泳、レスリング、スキーなど、スポーツの分野でも多用される言葉で、「形式の制約がほとんどない競技種目」のことを指す。ダンスの分野では、既存のスタイルにとらわれず、ダンサーが気持ちの赴くままに踊ることを指す。フリースタイル（即興ラップ）の名手として知られているのは、スーパーナチュラル、ジュース、KRS・ワン、コモン、デル・ザ・ファンキー・ホモサピエンなど。ちなみにアメリカのメインストリームでは、厳密な意味でのフリースタイルをするラッパーはほとんどいない。例えばジェイ・Zはリリック (P.46) を書かずにライム (P.42) をすることで有名だが、完全な即興でライムしているとは考えにくいので、おそらく彼は「記憶力がハンパないラッパー」なのだろう。

なお、自分なりのユニークなスタイルで髪型やファッションなどを決めることも「フリースタイル」という。

お前のフリースタイルに度肝を抜かれたよ！

*We were blown away by your **freestyle**!*

第2章

音楽／ラップスキル

MEMO

フリースタイルは「即興」という意味なので、上記のフレーズはラップに限らず、台本なしのスピーチやプレゼンなどが見事に成功した時にも使える。

The Notorious B.I.G.

PUNCHLINE
パンチライン

実用度：

名 ジョークのオチ、聞かせどころ、決め台詞の意味で使う。

　ラップやジョークのパンチラインは、聴いている者の笑いを誘ったり、思考を促したりといった役割を果たす。ラッパーやコメディアンはストーリーを語りながら観客の期待を高めていき、必殺のパンチラインでオトす。ラップのパンチラインは、一般的に面白い（笑える）ものが多いが、意外性があって聴き手の思考力を刺激するものであれば、必ずしも「面白さ」は必要とされない。つまり「笑える」か「考えさせる」いずれかの要素を備え、意外性のあるパンチラインを作り出せるラッパーが「優れたパンチライン・ラッパー」となる。

　生前、才能溢れるパンチライン・ラッパーとして知られていたBIG Lは「You was never shit. Your mother should've swallowed you.（お前は大したヤツじゃなかった。お前の母ちゃんは、〈精子の時点で〉お前を飲んじまえばよかったのにな）」など、数々の名パンチラインを遺している。

観客は彼のパンチラインで大爆笑した。

*The audience burst out laughing when they heard his **punchline**.*

第2章 音楽／ラップスキル

> **MEMO**
>
> 「必殺の決め台詞」という意味で使ってみた例。フリースタイル・ラップバトルに勝利するには、敵を挑発し、痛めつけながら、かつ観客を喜ばせるようなパンチラインを生み出す手腕が必須だ。

BIG L

CYPHER (CIPHER)
サイファー

実用度：

名 ラッパーが輪になり、フリースタイルでラップしあうことを意味する。原義は数字のゼロ（0は輪に見えることから）。

　ラッパーが集まってラップするサークル（輪）のことや、Bボーイ (P.140) が集まってダンスするサークルのことを「サイファー」と言う。ラッパーがサイファーの中に入ったら、自分のスキルをグループとシェアすることになるのだ。

　ヒップホップの世界において、輪になって行うのはラップとダンスだが、海外ハッテン紀行エッセイ『世界一周ホモのたび祭』(サムソン高橋・原作　熊田プウ助・漫画　ぶんか社・刊) によれば、サンフランシスコのストリップ・クラブでは「サークル・ジャーク (Circle Jerk／和訳：輪になってシコろう)」なるイベントがあるらしい。これも一種のサイファーである（違う）。

俺たち、昔はサイファーで何時間もラップしてたよ。

*We used to freestyle in **ciphers** for hours.*

第2章 音楽／ラップスキル

> **MEMO**
>
> サイファーは、要は「輪になって何かを披露する場」ということだ。ラップだけでなく、意見交換や自己紹介、怪談など、様々な場面でサイファー形式を採用してみよう。

Brand Nubian

# FEATURE
フィーチャー

実用度：

動 名 動詞は「（特別な演奏家や歌手、ラッパーを楽曲に）参加させる」「客演させる」、名詞は「客演」の意味。

ヒップホップでは、アーティストがレーベルの垣根を越えて客演することが多い。例えば「曲のタイトル by アーティストA featuring アーティストB」と表記した場合、「アーティストAの曲にアーティストBがゲスト参加している」という意味になる。インディペンデント・アーティストや、未契約のアーティストの場合は客演料の代わりに、お互いの作品に無料で客演しあう「スワップ（Swap）」という方法も取られる。

ゲストを擁するのが当たり前のヒップホップ／R&Bアルバムだが、Jコールの『4 Your Eyez Only』(2016年)やブライソン・ティラーの『True to Self』(2017年)は、客演なしで全米第1位に輝き、大きな話題となった。ちなみに客演料が高いことで有名なラッパーと言えばリル・ウェイン。1回の客演料は10万ドルを下らないという。

DJキャレドのアルバムは、大物アーティストを大勢フィーチャーしている。

*DJ Khaled's album **features** so many big name artists.*

音楽／ラップスキル

> **MEMO**
>
> 「客演させている」という意味で使った例。なお発音が似ているため、日本ではフィーチャーと「フューチャー（Future／未来）」が混同されることも多いが、両者は全く別の言葉だ。

D.R.A.M. & Lil Yachty

MIXTAPE
ミックステープ

実用度:

名 元来は、DJが路上で販売していたカセットテープを意味していた。今では解釈が拡大し、形がカセットテープではない作品も「ミックステープ」と呼ばれるようになった。

　地元の人気DJが、自分の名前を合間にシャウトしながら、その時のヒット曲などをつないだカセットテープを作り、それを路上で販売する。これがミックステープ（DJが曲を〈ミックス〉した〈テープ〉）の出発点だ。アルバムを正規販売する場合、サンプリングやカヴァー楽曲の使用許諾が必要になるが、ミックステープの場合は、無許諾使用がほぼ黙認されている。そのため、他のアーティストのトラック (P.36) でラップするなど、制約なく、より自由に楽曲を制作することができるのだ。

　チャンス・ザ・ラッパーは、無料配信のミックステープにこだわり、歴史に名を残した画期的アーティスト。彼のミックステープ『Coloring Book』(2016年) は、ストリーミング配信のみでビルボードのポップ・チャートにランクインした初めての作品で、チャンスはストリーミング配信のみでグラミー賞を獲得した初めてのアーティストとなった。

チャンス・ザ・ラッパーの ミックステープを ダウンロードしろ。無料だぞ!

*Just shut up and download Chance the Rapper's **mixtape**. It's free!*

第2章

音楽／ラップスキル

> **MEMO**
>
> 近年はアーティストが未発表のオリジナル楽曲だけで作ったミックステープをネット上で発表することも増えているため、ミックステープと正規アルバムの境界線は非常に曖昧になっている。なお、日本では省略して「ミクステ」と言う人もいる。

Chance the Rapper

VINYL
ヴァイナル

実用度：

名「レコード盤」の意味（塩化ビニールがレコードの材料に使われることが多いため）。原義はビニール製品。ワックス（WAX）と呼ばれることもある。

　日本の音楽ファンの間では「ヴァイナル」以外にも「レコード」や「アナログ（盤）」といった言葉もよく使われる。1982年にCDの生産がスタートして以来、ヴァイナルの売り上げは落ち込んだ。しかし、2000年代後半にデジタル配信が主流となり、CDの売り上げが減少の一途を辿る一方で、ヴァイナルの人気はじわじわと復活。2008年からアメリカで始まった「レコード・ストア・デイ」は世界中に広がり、毎年(4月19日)恒例の一大イベントとなっていることから、ヴァイナル人気の根強さがうかがえる。
　ちなみに、ダウンロードやストリーミングなどでのリリースを「デジタル・リリース（Digital release）」と呼ぶのに対し、CD／DVD／ヴァイナルでのリリースを「フィジカル・リリース（Physical release）」と呼ぶ。

ケンドリックの『DAMN.』は ヴァイナルで欲しいな。

*I wanna get Kendrick's "DAMN." on **vinyl**.*

第2章 音楽／ラップスキル

MEMO

「（アナログ）レコード」という意味で使ってみた例。ストリーミングでの視聴が当たり前になった今日においても、「好きなアーティストの作品はヴァイナルで手に入れたい」という人は少なくない。

J Dilla

PRODUCE
プロデュース

実用度：

動 (音楽の世界では) 楽曲の制作／レコーディングを取り仕切ること。原義は、作り出す、創作する、生み出す。

　ヒップホップ界で楽曲をプロデュースする人物は「プロデューサー (Producer)」と呼ばれ、「プロデュースド・バイ・○○ (Produced by ○○)」と表記されると「○○によるプロデュース」という意味になる。プロデューサーは、基本的にはレコーディング／ミキシング／マスタリングのプロセスを総括する「プロジェクト・マネージャー」と言える存在で、楽曲の全体的なヴィジョンを作り、サウンドを決めて、アーティストを指導／アシストする。

　楽曲の制作に関してはプロデューサーが大きな実権を握るため、映画の監督とも似ている。楽曲がヒットするか否かはプロデューサーの力量や人気によっても大きく左右され、ヒップホップ／R&B畑からは、パフ・ダディやティンバランド、ドクター・ドレー、ファレル・ウィリアムスなど、ヒットを生み出す大物プロデューサーが数多く輩出されている。

昔はピート・ロックとダ・ビートマイナーズのプロデュース作品なら全部買ってた。

*I used to buy everything that Pete Rock and Da Beatminerz **produced**.*

第2章 音楽／ラップスキル

MEMO

「○○のプロデュース作品」で「○○が作った作品」という意味になる。なお、自分の楽曲を自らプロデュース（セルフ・プロデュース）するラッパーやシンガーもいる。

will.i.am

DROP
ドロップ

実用度:
🎤🎤🎤🎤🎤

動 アルバムやシングルなど、作品／楽曲を「リリースする」という意味で使う。原義は「落とす」。

　ここ10〜15年の音楽業界で「リリース」の代わりによく使われるようになったのが、この「ドロップ」という言葉。日本のメディアでも「DJキャレドがニュー・シングルをドロップ！」といったように多用されているので、音楽ファンには馴染みのある言葉だろう。

　また、EDM（Electronic Dance Music／エレクトロニック・ダンス・ミュージック）の世界では、曲が最も盛り上がる場所（歌ものの「サビ」に当たる部分）を「ドロップ」と呼ぶ。さらにドロップは、オール・ダーティー・バスタードが「Brooklyn Zoo」(1995年)で「I drop science like girls be droppin' babies.（俺は女が子どもを産み落とすように、知識をドロップしてる）」とラップしているように「教示する」「伝える」「説明する」という動詞として使われることもある。

彼らは3月に
ニュー・アルバムをドロップした。

*They **droped** a new album in March.*

> **MEMO**

「作品を発表する」という意味で使った例。最近はCDだけでなく、ストリーミング・サーヴィスや無料ダウンロードなど、ドロップの形式も様々だ。

第2章 音楽／ラップスキル

The Pharcyde

CROSSOVER
クロスオーバー

実用度：

名 形 **複数のジャンル（アーティスト、ライターなど）で成功する／人気を博すことを意味する。**

　クロスオーバーは「（領域などを）超える→複数の分野にまたがって成功する／様々な層を惹きつける」という意味で、近年は肯定的／中立的な意味合いで使われることが多い言葉だ。その一方で、メインストリームに迎合したアーティストについて「彼はクロスオーバーした」と言った場合は、「セルアウト (P.106) したヤツ」という批判的な意味合いが含まれることもある。しかし、リアリティ番組スター、キム・カーダシアンがカニエ・ウェストの妻の座に収まった21世紀現在では、「クロスオーバー＝セルアウト」とされることは少なくなった。

　逆に、ストリート (P.80) のタフなイメージを保ちながら白人メインストリームの世界で金儲けをするラッパーは、ビジネス・センスに優れたクールな人物としてリスペクト (P.122) されることも多い。

ドレイクは、クロスオーバー・アーティストだ。

*Drake is a **crossover** artist.*

MEMO

90年代は、クロスオーバーしたアーティストを揶揄するヒップホップ原理主義者も多かった。例えばEPMDの楽曲「Crossover」(1992年)のリリック(P.46)からは、クロスオーバーをセルアウトとみなしていることが分かる。

EPMD

UNDERGROUND
アンダーグラウンド

実用度:
🎤🎤🎤🎤🎤

名 形「地下」「地下組織の」「反体制の」が原義だが、音楽シーンでは「メインストリーム」の反対語として使われることが多い。

　ヒップホップで「アンダーグラウンド」なアーティストといえば、メジャー・レーベルと契約せずに、インディ・レーベル（インディペンデント・レーベル＝独立系レーベル）から、もしくはどのレーベルとも契約を結ばずに音楽をリリースし、活動するアーティストを指す。

　アンダーグラウンド・ヒップホップでは、大衆受けするコマーシャル（商業的）なメインストリーム向けヒップホップとは異なり、トレンドにこだわることなく、より実験的で意識の高い音楽が作られることが多いため、コンシャス・ヒップホップ (P.102) やオルタナティヴ・ヒップホップの割合が高くなる。近年では、インターネットやSNSの発達、メジャー・レーベルの影響力の低下などにより、アンダーグラウンド・ヒップホップとメインストリーム・ヒップホップの境界が曖昧になってきている。

好きなアンダーグラウンド・ラッパーは？

*Who is your favorite **underground** rapper?*

第2章 音楽／ラップスキル

MEMO

アンダーグラウンドは、日本では「アングラ」と略されることも多い。なお、この言葉は「地下」が原義なので、イギリス英語では「地下鉄」を意味する。

Jurassic 5

COLUMN 2

恋愛とセックスにまつわる
スラング Part2

　せっかくナンパしても、女性のお眼鏡にかなわなかった男性は、「I'm out of your league.（＝私はあなたとレヴェルが違う／あんたにとって私は高嶺の花）」とばかりに軽くあしらわれ、「She does not give him the time of day.（＝彼女に全く見向きもされない）」という結果が待っている。クラブでナンパできる男性陣は、切り替えの早さを身に着けた「RESILIENT（＝打たれ強い、立ち直りが早い）」な人々なので、すぐに次の女性を探すはずだが、断られてもしつこく誘い続ける男性は「I can't with him.（＝こいつ、勘弁なんだけど）」と舌打ちされた挙句、「Boy, bye!（＝もうこれ以上話したくない相手に使うフレーズ。女性に使う場合は「Girl, bye!」）」と引導を渡されるだろう。

　それでは、クラブにいる女性はどんな男性を好むのか。男性がルックスで女性を選ぶのと同様、女性もやはり「HOT（＝セクシー）」で「CUTE（＝キュート）」な男性を好む。また、顔が良くても体が薄くて細い男性は非モテ傾向にあり、「RIPPED（＝筋骨隆々）」な男性が人気。映画『マジック・マイク』的なムキムキの男性は、「BEEFCAKE」とも呼ばれる。特にクラブでの出会いをきっかけに「ONE NIGHT STAND（＝一夜限りの関係）」を楽しめる女性は、「HUNG LIKE A HORSE（＝巨根）」な「STUD（モテ男）」を好む傾向にある。

（☞P.94へ続く）

THE JAPANESE BEGINNER'S GUIDE TO
HIP-HOP SLANG

第 3 章

街／ファッション

WESTSIDE
SOUTH
STREET
GHETTO
HOOD
PROJECT
GRILL
BLING
SWAG

> # WESTSIDE
ウェッサイ

実用度:

名 ヒップホップ文脈においては、主に西海岸（特にカリフォルニア）を指す。原義は西側。

　アメリカのウェッサイといえばギャングスタ・ラップ (P.96) が有名だが、その他にも独自のカルチャーがある。例えば2パック「California Love」(1995年) のリリック (P.46) では「LAでは、バリーじゃなくてチャックス（コンヴァース）を履いてる。ロックス（サングラスのブランド）とカーキ（ディッキーズのカーキ）でキメて、車を流すんだ（車は車高の低いローライダー）」と、イースト・コースト（East Coast／東海岸）とは異なるファッションとライフスタイルが語られている。

　通常「ウェストサイド」の発音は「ウェスト」にアクセントが置かれるが、スローガン的に叫ぶ場合には、「ウェッサーイィィィ！」「ウェッサーーイ！」等、「サイド」にアクセントが置かれる。90年代に人気を博したシットコム『The Jamie Foxx Show』で、ウェストサイド・コネクションがゲスト出演したエピソードでは、彼らによる模範的な「ウェッサーーイィィィ」が聞ける。

俺はウェッサイに
たくさん友達がいる。

*I have a lot of friends on the **Westside**.*

第3章

街／ファッション

MEMO

ウェッサイは西海岸ではなく、「西側」という意味で使われることもある。西側、東側という考え方を日本に置き換えるならば、関西が「日本のウェッサイ」、関東が「日本のイーサイ（Eastside）」にあたる（のか？）。

Ice Cube

SOUTH
サウス

実用度：

名 (方角の)南、南側、(地域の)南部。(The Southで)アメリカの南部。

　アメリカのサウスは土地が広くカントリー（田舎）なので、ニューヨークなどの大都市と比べると人々もかなりのんびりしている。サウス出身のラッパーは、ニューヨークやウェッサイ(P.76)のラッパーと比べると滑舌が不明瞭で、英語のネイティヴ・スピーカーでも歌詞をすべて聴き取ることは困難だ。この滑舌の悪いラップ（マンブル・ラップ）がサウス以外のラッパーにも広がり、特にミレニアル世代のラッパーがこのスタイルでラップしている（おそらく、ドラッグの使用により呂律が回らなくなることとも関係している）。

　さらにサウス産ヒップホップの特徴といえば、TR-808（ドラムマシン）のサウンドだ。元来はマイアミ・ベースで使われていた808サウンドだが、この踊りやすいサウンドがストリッパー・ミュージックとして人気を博し、今やメインストリーム・ラップやポップの世界にも浸透している。

彼女はサウス出身であることを誇りに思っている。

*She is proud of being from the **South**.*

第3章 街／ファッション

> **MEMO**

「南部」という意味で使った例。ちなみにアメリカ南部の代表的な都市は、ジョージア州アトランタ、ルイジアナ州ニューオーリンズ、フロリダ州マイアミ、テキサス州ヒューストン、テネシー州メンフィス、ヴァージニア州のヴァージニア・ビーチなどがある。

Outkast

STREET
ストリート

実用度:

名 形 名詞の場合は、巷、街角。形容詞の場合は「ラフで無骨」を意味する。原義は街路、通り。

　ヒップホップ文脈で「ストリート」といえば、単なる「道」ではなく、フッド (P.84) やゲットー (P.82) といったラフで危険な香りのするエリアを指す。「ストリートな」という形容詞として使われる場合は、ラフで無骨な行動や人物を指す。

　近年、その傾向は弱まっているものの、90年代から2000年代にかけては、「リアルであること（Keep It Real）」が重要な価値観としてヒップホップ界を席巻していた。「ストリート」は「リアル」とほぼ同義であり、ラッパーにとってストリート・クレッド（Street Cred）が非常に重要だった。CredはCredibility（信頼性、信憑性）の略なので、「ストリート・クレッド」とは、「ストリートでいかに信用されているか。ストリートでいかにリスペクト (P.122) を受けているか」を意味する。

50歳なのに、あいつはまだストリートな振る舞いをしている。

*At 50 years old, he still has a **street** demeanor.*

第3章 街／ファッション

> **MEMO**
>
> 「ラフで無骨」という意味で形容詞的に使ってみた例。「巷、街角」という名詞として使う時は「ストリートの噂じゃ、あいつの元カノはホー（ヤリ◯ン）だったらしい」などのフレーズも考えられる。

Kool G Rap & DJ Polo

GHETTO
ゲットー

実用度：

名 形 スラム街（貧民街）、（大都市の）少数民族居住地区という意味で使われる。「ゲトー」と発音することもある。元来はヨーロッパの街にあったユダヤ人地域を意味していた。

　貧しい地域、治安の悪い地帯を指すゲットー。そこに住む（または住んだ経験のある）者同士は、お互いのしみったれた行動や経験を笑いながら「あんたってゲットー（ビンボーくさい）ね！」なんて言って、からかいあうことも多い。

　なお、ゲットーと同義で「インナー・シティ（Inner City＝都市の中心に近い地域）」という言葉が使われることもある（住環境の良い郊外に裕福な人々が住み、家も小さくネズミやゴキブリも多い市内には貧しい人々が住むことが多かったため）。最近では全米を通じて都心の再開発が進んだために、ニューヨーク、ワシントンD.C.、サンフランシスコなどの中心部に中流階級／富裕層の人口が流入し、インナー・シティの家賃／住宅価格が高騰するという現象が起こっている。

彼はゲットー出身だが、
働きまくってリッチになった。
(ハスリ)

*He is from the **ghetto**,
but hustled hard and became rich.*

第3章

街／ファッション

MEMO

ゲットーは決して褒め言葉ではないので、実際にそこに住んだことのない人が安直にこの言葉を使うのはあまりおすすめしない。軽い気持ちで「君はゲットー出身？」なんて言うと、バカにした印象を与えて不愉快にさせる可能性があるからだ。

Kendrick Lamar

HOOD
フッド

実用度:

名 **形** 「自分が住んでいる地域／育った地域」を意味する。

　アメリカ人は一般的に地元への愛が強く、スポーツでも地元のチームを応援する人が多い。ラッパーが自身のルーツ（出身地）を連呼し、自らの地元を「マイ・フッド（My Hood）」と呼ぶのも、フッドに対する深い愛によるものだ。そして、ヒップホップ・アーティストには貧しい地域からのし上がった者が多く、この「フッド」が「低所得者地域」であることが大半だったため、「フッド＝労働者階級の黒人／マイノリティ居住地域」という認識になっている。
　なお、フッドはストリート・カルチャー／ストリート・ライフスタイルをレペゼン (P.124) するような人物を指す際に、形容詞としても使われる。

俺は正月、フッドに帰る。

*I will go back to my **hood** to celebrate New Year's.*

> **MEMO**
>
> 「地元」という意味で使ってみた例。「フッドなヤツ」などと言って、形容詞として使う場合は「タフ」という意味になる。このことから、形容詞としてのフッドは「ハードコア（P.100）」「ギャングスタ（P.96）」「ストリート（P.80）」「ゲットー（P.82）」の類義語とも言えるだろう。

Smif-N-Wessun

PROJECT
プロジェクト

実用度：

名 ヒップホップ文脈では「（主に低所得者向けの）公営／公共住宅」を意味することが多い。住宅群を表す場合は、プロジェクツ（Projects）と複数形になり、PJ'sとも呼ばれる（住宅プロジェクトでは、複数のビルが建てられることが多いため）。原義は、（事業）計画。

　「プロジェクト」の原義は「特定の目的を達成するために立てられた計画」のことで、「ハウジング・プロジェクト」とは、手頃な価格の住宅を提供することを目的とした政府の公営／公共住宅のこと。もともとプロジェクト自体に荒れたイメージはなかったが、アメリカで人種隔離政策が取られていた時代は、黒人の住める場所が限られており、あらゆるタイプの黒人が公営／公共住宅に住んでいた。80年代以降はプロジェクトに住む黒人の貧困や、ドラッグ、ギャングの問題が深刻化したため「プロジェクト＝ゲットー (P.82)」という認識になった。
　ジェイ・Zはブルックリンのマーシー・プロジェクツ、NASやモブ・ディープはクイーンズのクイーンズブリッジ・ハウジズ、バードマンはニューオーリンズのマグノリア・プロジェクツと、ラッパーにはプロジェクトの出身者も多い。

彼はプロジェクトで生まれ育った。

*He was born and raised in a public housing **project**.*

第3章 街／ファッション

MEMO

アメリカのプロジェクトというと、ニューヨークやシカゴの高層アパートが真っ先に思い出されるが、政府が建てた公共住宅であれば、一軒家でも低層アパートでも実質はすべて「プロジェクト」となる。

Marley Marl

GRILL
グリル

実用度:

名 歯に装着する装飾用アクセサリー(取り外し可能)。車のフロントグリルが語源。顔、口という意味でも使われる。

　グリルは、ブリンブリン (P.90) なスタイルを好むラッパーに人気のアクセサリーだ。ダイヤモンドやゴールドをふんだんに使うことにより、口を開ければピッカピカ、自身の富を見せつけるアイテムとして、時計やネックレスよりもグリルの方がインパクトが断然大きい。ここ数年でマドンナやマイリー・サイラスなど、ポップ系アーティストまでがグリルを使用して話題となった。

　グリルのトレンドが始まったのは、1980年代のニューヨークまで遡る。「ゴッドファーザー・オブ・ザ・グリル」と称されるエディ・プレインは、フレイヴァー・フレイヴ、ビッグ・ダディ・ケイン等のグリルを作った後、アトランタに移住。アウトキャスト、ネリー、リル・ジョンといった顧客を獲得し、2000年代半ばに巻き起こったサウス (P.78) のグリル・ブームを支えた。

彼女はあいつの グリルをパンチした。

*She punched him right in the **grill**.*

第3章 街／ファッション

> **MEMO**
>
> アクセサリーではなく、「顔」という意味で使った例。グリルは、砕けた日常会話では「顔」や「口」を意味する言葉としても使うことができるのだ。

Lil Jon

# BLING
ブリング

実用度：

名 形 動「高価で派手なジュエリー、ピカピカと輝くもの」「(ジュエリーなどが) ピカピカと輝く様子」「これ見よがしにジュエリーなどを身に着け、羽振りの良さをアピールすること」を意味する。

「ブリンブリン (Bling bling)」とは、ダイヤモンドなどがピカピカ、ギランギランと輝く様子を表した擬態語だ。これが転じて、「ブリング＝光りモノ」になった。

ブリングは、今や『オックスフォード英語辞典』や『メリアム・ウェブスター英英辞典』にも登録されているほど一般的な言葉となった。登録されるきっかけとなったのは、キャッシュ・マネー一派をフィーチャーしたB.G.の「Bling Bling」(1999年)。それ以前にも「ブリング」という言葉は使われていたが、リル・ウェインがラップした同曲中のフック (P.52)「Bling bling, every time I come around yo city (ブリンブリン、俺はお前の街にやって来るたび) / Bling bling, pinky ring worth about fifty (ブリンブリン、5万ドルはするピンキー・リングをつけてる)」が大流行。「ブリンブリン」「ブリング」という言葉が一般的に頻用されるようになった。

俺のブリングで
目がくらむだろ？

*My **bling** will blind you, huh?*

第3章 街／ファッション

MEMO

アクセサリーなどを自慢する時のフレーズ。「ブリング」は2000年代に大流行して使われすぎたため、今となっては使うのがちょっと恥ずかしい言葉である。

Rick Ross

SWAG
スワッグ(スワグ)

実用度:

名 (自分なりの)クールなスタイル、センス、魅力や、自信たっぷりな態度／立ち居振る舞いを意味する。語源はスワガー(Swagger: 自信たっぷりな態度。威張った態度)。

　スワッグは「人それぞれ違うもの」で、誰もが持ちえる。美男美女だけに限定されたものではないため、独自のスタイルで自信を持って振る舞えば「スワッグ保持者」とみなされる。日本では男性諸氏から煙たがられがちな「自信満々な不美人」とされる女性がアメリカではモテるのも、この「スワッグ効果」のためである。2000年代半ば頃は「スワガー」もよく使われていたが、その後は短縮形の「スワッグ」が主流になり、今はスワッグの人気も下降線を辿りつつある。

　アリシア・キーズは2007年時点で、スワガー(スワッグ)について以下のように説明している。「自信とスタイルが混ぜ合わさるとスワガーになるって感じかな。スワガーは人それぞれ違うものだから、歩き方や話し方、服装を含めたその人独自のスタイルに自信が加わったものがスワガー」。

お前、
すげえスワッグだな!

*You got mad **swag**!*

> **MEMO**
>
> 日常会話で「クール」の代替語としてスワッグを使ってみよう。ただし、クールはビジネス・シーンでもよく使われるのに対し、砕けた表現であるスワッグはビジネス・シーンではまず使えないと考えていいだろう。

第3章

街／ファッション

Young Thug

COLUMN 3

恋愛とセックスにまつわる
スラング Part3

　クラブでモテるのはやはり、「LOOKER、HEADTURNER（ルックスの良い男／女）。しかし男性に限っては、この原則をすべてひっくり返す秘技がある……それはもちろん、「BENJAMINS、BANK、BUCKS、CABBAGE、CHEESE、COIN、DOUGH、LOOT、PAPER、SCRILLA」等、多数のスラングを持つ「金（MONEY）」である。VIPルームで「POP BOTTLES（＝シャンペンを開けまくる）」して、「MAKE IT RAIN（＝札束の雨を降らせる）」していれば、面構えがジェイ・Zであれ、マイク・タイソンであれ、蛭子能収であれ、美女はワラワラと寄ってくるのだ。

　さて、両者の間で合意が結ばれ、しっぽり系のムードになったとしよう。こうして2人は「HOOK UP（＝セックス）」するわけだが、体の相性が合えば、ここから2人はお互いにとって「BOOTY CALL（＝セックス目当てでかける電話）」をかけあう「FUCK-BUDDY、JUMPOFF、FRIEND WITH BENEFITS（＝セフレ）」になるだろう。行きずりの相手とカジュアルにセックスをする場合の必需品が「RUBBER（＝ゴム→コンドーム）」だ。なお、行きずりの女性には「BLOW JOB（＝フェラ）」させるだけの有名ラッパーも多いらしい。迂闊にセックスして「あなたがBABYDADY（＝私の子どもの父親）よ！」と訴えらえるリスクを避ける行為なのかもしれないが、単に自分だけ気持ち良くなりたい我儘な態度という説もある。　（☞P.132へ続く）

THE JAPANESE BEGINNER'S GUIDE TO
HIP-HOP SLANG

第4章

様子／行動

GANGSTA
THUG
HARDCORE
CONSCIOUS
OLD SCHOOL
SELL-OUT
CHILL
BOUJEE
STREET-SMART
DIG
DIS
HUSTLE
BEEF
RESPECT
REPRESENT
SKIT
BOASTING
VIBES

GANGSTA
ギャングスタ

実用度:

名 形「ギャング／犯罪組織の一員」を意味する。原語はギャングスター(Gangster)だが、黒人の発音では「er」が落ちることが多いため、ギャングスタ(Gangsta)となった。略称は「G」。

　ギャングスタとは、犯罪組織の一員を意味する言葉だが、本流の社会基準から外れた出来事、活動、行動、人物などを表す言葉としても使われる。また、大胆不敵で強引な人物／行動についても、ギャングスタが使われる。

　ギャングスタの生活や思想をラップするスタイルを「ギャングスタ・ラップ」と呼ぶ。アイス・Tやスヌープ・ドッグといったハンパない経験を持つ年季の入ったギャングスタ・ラッパーは、OG（Original Gangsta）と称されてリスペクト (P.122) される。その一方で、レコーディング・スタジオ内だけでギャングスタを気取るラッパーは、スタジオ・ギャングスタ（Studio gangsta）と呼ばれて冷笑される。また、服装や言動だけギャングスタを真似しながらも、実際にはギャングスタなことなど何ひとつしたことのない弱虫は、ワンクスタ（Wanksta）と呼ばれる（命名は50セント。P.26参照）。

上司(ボス)に残業を命じられたけど、「ノー」って言って退社した。俺はギャングスタだからな!

*My boss demanded that everybody work overtime. But I said "No" and left cuz I'm a **Gangsta**!*

第4章

様子／行動

> **MEMO**
>
> 「体制に従わない大胆不敵な人物」という意味で使ってみた例。実際にギャングのメンバーでなくても、権威や常識に迎合せず、ストリート・ライフやストリート・カルチャーを体現する人のことをギャングスタと称することができる。

Snoop Dogg

THUG
サグ

実用度:

名 凶悪犯、暴漢、ちんぴら、悪党、殺し屋、ワルの意味で使われる。

　サグは一般的に「悪党、ワル」という意味で使われており「ギャングスタ」(P.96)とほぼ同義だ。

　この言葉と切り離せないラッパーと言えば、2パックだろう。彼は腹部に「サグ・ライフ（THUG LIFE）」というタトゥーを入れ、同名のグループも結成していた。ただし2パックによる「サグ」の定義は、一般的なそれとは少々異なる。彼の言うサグは「何もない状況の中、あらゆる苦難に遭遇しながらも、それに立ち向かう人物」を意味していた。そんなサグが送る暮らしが「サグ・ライフ」で、「あらゆる苦難を乗り越えて成功した人物の暮らし」を意味する。そして彼は、THUG LIFEを頭字語にして「The Hate U Give Little Infants Fuck Everybody（お前が小さな子どもに与える憎悪が、皆をダメにする→愛情をかけずに子どもを育てると、社会がその影響を受ける）」という意味を作り出した。

2パックはサグの見本だ。
サグ・ライフ！

*Tupac is an epitome of a **thug**.*
Thug life!

> **MEMO**
>
> サグは名詞としてだけでなく、日本では「サグい（ワルい）」という形容詞としても使われている。ワルでタフな友達に対して「あいつ、サグいね〜」という感じで使うことができる。

第4章

様子／行動

2PAC

HARDCORE
ハードコア／ハーコー

実用度：

形 徹底した、筋金入りの、本格的な、熱烈に忠実な、献身的な、の意。また、露骨な性的描写についても同語が使われる。

　音楽の世界では、従来よりも表現方法が過激で荒々しいものが「ハーコー」と称される。ヒップホップ文脈でのハーコーは、「ハーコー・ラップ（ハードコア・ヒップホップ）」を指す。
　1980年代前半に登場し、「リアリティ・ヒップホップ」とも言われるハーコー・ラップは、アグレッシヴで強烈なビートに乗せて、フッド（P.84）の厳しい環境・現実を激しく語るラップのサブ・ジャンルだ。暴力や貧困、犯罪、ドラッグなどのテーマに加え、怒りを露にした攻撃的な表現方法から、ハーコー・ラップはギャングスタ・ラップ（P.96）の先駆けとも言われている。また、政治的なメッセージを含んだコンシャス・ラップ（P.102）やポリティカル・ラップの形成において、ハーコー・ラップが重要な役割を果たした。

一晩中パーティして そのまま仕事に来たの？ ハーコーだなあ！

*You partied all night and came straight to work? That's some **hardcore** shit!*

MEMO

「タフ」という意味で使ってみた例。ハーコーは、ヒップホップとは関係なく「容赦ない」「ガチでヤバい」「ハンパない」といったニュアンスで、日常会話で頻繁に使うことができる。

50cent

CONSCIOUS
コンシャス

実用度：

名 形「意識」「意識のある」「意識の高い」を意味する。かつてはブラック・アメリカン・カルチャーを中心に使われていた言葉だったが、現在ではヒップホップ・コミュニティ全体に波及している。

　コンシャスは「社会的、文化的、政治的に意識が高い人／もの」「（特に社会的な）問題意識を持っている人／もの」を示す（そしてコンシャスな黒人は、「アフロセントリック（アフリカ中心主義）」であることも多い）。ヒップホップ界でこの言葉が使われた場合、「コンシャス・ラップ（コンシャス・ヒップホップ）」というサブジャンルを意味することが大半だ。コンシャス・ラップとは、暴力や差別といった社会問題に異議を唱えながら、知識を広め、意識を高めるラップを指す。「コンシャス系」として知られるラッパーは、コモン、タリブ・クウェリ、ヤシーン・ベイ、ルーペ・フィアスコ、ザ・ルーツ、NAS他、多数。

　なお、コンシャスの前に①「ポリティカリー（Politically）」、②「ソーシャリー（Socially）」、③「レイシャリー（Racially）」といった副詞をつけると、「①政治、②社会問題、③人種に対する意識が高い」というより限定的な言葉になる。

お前は
コンシャスぶってるけど、
アホ丸出しだ。

*You act like you're **conscious**,
but you're ignorant as fuck.*

第4章

様子／行動

MEMO

日本語の「意識高い系」に近いこの言葉。日本では何かと揶揄されがちな「意識高い系」だが、「社会に疑問を持ち、問題提起する」ということはヒップホップの大事な役割のひとつだ。なお、近年ではこれと同義語のスラングとして「ウォウク(Woke)」もよく使われている。

Joey Bada$$

103

OLD SCHOOL
オールドスクール

実用度：

名 形 ヒップホップ初期（70年代後半〜80年代前半）のスタイルを指す。原義は古い学校、母校、保守派。

　狭義では、70年代後半から80年代前半のヒップホップがオールドスクールとされているが、「古いスタイル、古い時代のヒップホップ」（ただし、この「古い」に悪い意味はない）という広義で、80年代全般〜90年代までが含まれることもある。

　オールドスクール・ヒップホップの特徴はラップ・スタイルがシンプルであること、パーティを盛り上げるための楽曲が多いこと、ディスコやファンクをサンプル (P.40) していること等が特徴として挙げられる。代表的アーティストは、クール・ハーク、グランドマスター・フラッシュ・アンド・ザ・フューリアス・ファイヴ、シュガーヒル・ギャング、アフリカ・バンバータなど。ヒップホップ黎明期のオールドスクールな雰囲気を味わいたいなら、映画『ワイルド・スタイル（Wild Style）』(1982年) や、Netflixのドラマ『ゲットダウン（The Get Down）』(2016〜17年) がおすすめ！

オレはオールドスクールだから、昔ながらの恋愛がしたい！

*I'm **old school**, so I need old-school loving!*

> **MEMO**
>
> 「オールドスクール」は、ヒップホップ・シーン以外でも「保守的な、古典的な、伝統スタイルの、オールドファッションな」等の意味で日常的に使われる。「オレは古い人間だから……」と言う代わりに「オレはオールドスクールだから！」と言ってみよう。

第4章　様子／行動

Afrika Bambaataa

SELL-OUT
(SELLOUT, SELL OUT)
セルアウト

実用度：

名 動 （自分の利益のために同胞や大義を）裏切ること、また裏切った人を意味する。売却、販売、完売が原義。

　黒人社会では、個人的な利益のために同胞を裏切り、白人に媚びへつらう人物を「セルアウト」と呼んで軽蔑してきた。転じて、自分の属するグループを裏切る行為を「セルアウトする（魂を売る）」と呼ぶようになった。

　ストリート・ギャング出身のアイス・Tは、ギャングスタ・ラッパー (P.96) として活躍しただけでなく、ボディ・カウントというヘヴィーメタル・バンドのヴォーカルとして「Cop Killer（警官殺し）」(1992年) という過激な曲を歌うなど、ハードコア (P.100) な活動で知られていた。しかし、2000年代に刑事ドラマ『ロー＆オーダー：性犯罪特捜班』で刑事役を演じ、ちゃっかりお茶の間の人気者に。しかし本人が「俺はネットワークTVのホー (P.148) なんだ」と自らの活動を茶化したうえ、彼自身の行動や考えは昔から変わっていないため「セルアウトではなく、賢い仕事選びで大金を稼ぎ出すハスラー (P.118)」というクールなイメージを保っている。

成功するためには、セルアウトしなきゃいけないのかな？

*Do I need to **sell out** to be successful?*

MEMO

セルアウトは「アーティストが売れ線に走る」という意味だけでなく、「いつも上司に媚を売るお前は、セルアウトしてる！」といった感じに、「権力・体制側におもねっている」という意味で批判的に使うこともできる。

第4章 様子／行動

Ice-T

CHILL
チル

実用度:
🎤🎤🎤🎤🎤

動 形 くつろぐ、リラックスする、落ち着くの意味で使う。形容詞の場合は、気楽な、のんびりした、クールな、という意味。原義は「冷える」「寒気を覚える」。

　タイラー・ザ・クリエイターが「She」(2011年)で「We can chill and I can act like I don't wanna fuck.（下心ゼロっぽく振る舞って、ただチルするだけもアリ）」とラップしているように、のんびり過ごす状況を「家でチルする」と表現することができる。なお、チルするのは家の中でも外でも可能で、場所に制約はない。

　また、チルには「落ち着く」「冷静になる」の意味もある。この場合は、「チル・アウト（Chill Out）」という形になることも多い。怒りで興奮している友達をなだめる場合などに「落ち着けよ！」という意味で「チル・アウトしろ！」というフレーズが使われる。形容詞として「チル」が使われる場合には、「のんびりした、呑気な、おおらかな」や「クールな、素晴らしい」という意味にもなる。

俺の家でチルしようぜ。

*Let's **chill** at my place.*

第4章 様子／行動

MEMO

このチルは「リラックス」と同義と考えてもいい。チルとリラックスを掛けあわせたチラックス（Chillax）という言葉もあるが、使っている人はだいたいコーニー（Corny／陳腐）なので、わざわざ使う必要はないだろう。

Tyler, The Creator

BOUJEE (BOURGIE, BOUJIE)
ブージー

実用度：🎤🎤🎤🎙🎙

形「上流階級（気取り）の（人／場所／物事）」「お高くとまった（人／場所／物事）」を意味する。BOURGEOIS/BOURGEOISIE（ブルジョアジー／ブルジョア）から派生した言葉。「リッチな」という意味で好意的に使われることもある。

　ミーゴスの「Bad and Boujee」（2016年）が大ヒットしたことで「ブージー」はメインストリームでもすっかり定着したが、スラングとしての歴史はかなり古い。

　ブージーはもともと「普通のアフリカン・アメリカンよりも概して教育・収入のレヴェルが高い、エリート主義で高慢なアフリカン・アメリカン」を指し、「同胞（黒人）とは距離を置き、白人社会に迎合する黒人」を揶揄する言葉だった。これが一般にも広がり、「上流階級（気取り）の人／場所／物事」や「お高くとまった人／場所／物事」を意味するようになった。そして現在は、「上流で羽振りが良い、クールなスタイルを持っている人、エリートでリッチ」。つまり、良いニュアンスを持つ言葉としても使われるようになっている。

俺の女はバッドでブージー。
（ビッチ）

*My bitch is bad and **boujee**.*

第4章　様子／行動

MEMO

「バッドでブージー＝イケてて、羽振りがいい」という意味になる。ブージーは人以外にも使えるので、レストランなどに関しても「ブージーな店じゃないけど、食べ物は美味いよ！」などと言うことができる。

Migos

STREET-SMART
ストリート・スマート

実用度：

形 ストリート（世間）を生きていくうえでの知識やスキルを備えている様子、学校では学べない知恵を持っているさま。ストリート・ワイズ（STREET-WISE）とも言う。

「ストリート・スマートな人物」——つまり、過酷なストリート（P.80）を生き延びる能力を備えた人物は、状況を瞬時に理解して分析して対応できる、回転の速い頭脳を持つ。さらに、コミュニケーション能力が高く、人に利用されずに自身の利益を守る抜け目なさも持っている。生き馬の目を抜く世知辛いヒップホップ界では、ストリート・スマートであることが成功の必須条件であるとも言えるだろう。

また「ストリート・スマーツ（Street Smarts）」と言い換えれば名詞になる。ストリート・スマーツは、「学校では学べないスキル／知恵」を指す。そこには、質問していいこと・いけないことを見極める、相手にナメられない、信用できる人・できない人を見極める、危険な場所を感知する、相手の真意を読むなどのスキルが含まれているのだ。

コモンはブック・スマートであり、ストリート・スマートでもある。

*Common is not only book-smart but also **street-smart**.*

第4章

様子／行動

> **MEMO**
>
> 「ストリート・スマート」の反対語は「ブック・スマート(Book-Smart)」。学校の成績が良く、知識が豊富なタイプがこちらに属する。「知識はあるが、実社会での経験が少ない」という批判的ニュアンスで使われる場合もあるが、常に悪い意味で使われるというわけではない。

Common

: The Japanese Beginner's Guide to Hip-Hop Slang

DIG
ディグ

実用度：

動 ①「(レコード箱を)掘る、漁る」、②「理解する」、③「〜を好む、好ましく思う」という意味で使う。原義は「(地面などを)掘る、(埋まっているものを)掘り起こす」。

　ヒップホップ・ファンが「ディグ」と聞いて真っ先に思い出すのは、ニューヨークのヒップホップ・クルー(P.134)「D.I.T.C.(Diggin' in the Crates)」ではないだろうか。クレイツ(Crates)は「木箱＝レコード箱」を指し、「Diggin' in the Crates」で、「レコード箱を掘る／漁る→サンプリング(P.40)するビート(P.48)を探す」という意味になる。

　なお、スラングとしての「ディグ」には「レコードを探す」以外にも一般的な意味が2つある。ひとつめは、「理解する」という意味だ。英語では、文章の最後に「Can you dig it?」や「You dig?」を付けることで、「分かるか？」と相手の理解を確認することになる。2つめの意味は、「〜を好む、好ましく思う」。「Girls dig funny guys.（女性は面白い男が好きだ）」「Guys dig girls with fat asses.（男は尻のデカい女性が好きだ）」のように使用する。

渋谷にレコ屋が オープンしたらしい。 ディグしに行こう。

*Let's go **dig** some records.
I heard a new used record shop opened in Shibuya.*

第4章

様子／行動

MEMO

「ヴァイナル（レコード）を物色する」という意味で使った例。日本では「ディグる」という動詞として使う人も多い。

Diggin' in the Crates

DIS (DISS)
ディス

実用度：
🎤🎤🎤🎤🎤

動 名「（人を）侮辱する」「（人を）バカにする」の意味で使う。

　「ディスる」という動詞として日本でも浸透している同語は、ディスリスペクト（Disrespect）の短縮形で、「尊敬」を意味する「リスペクト (P.122)」の反義語だ。

　ラッパーが他のラッパーをディスるために作った曲を「ディス・トラック（Diss track）」と呼ぶ。真面目な論争ではなく、単に話題作りや商業的なプラス効果（売名、宣伝）を期待したディス・トラックが作られることも多い。ただし、2パックがノートリアス・B.I.G.（をはじめとする東海岸のラッパー陣）をディスり、「俺はフェイス・エヴァンス（当時のビギーの妻）と肉体関係を持った」とラップした「Hit 'Em Up」(1996年)のように、死人が出るほどの深刻なビーフ (P.120) にまで発展してしまったディス・トラックもある。

あいつら、ステージ上でお互いをディスりあってた。

*They **dissed** each other on stage.*

MEMO

「ディスる」はヒップホップ好き以外にも浸透している言葉なので、日常会話で使いやすい。名詞として使う場合は「悪口、批難」と同義。例「今の発言って、俺の彼女のディスかよ？」。

Remy Ma

HUSTLE
ハスル

実用度:

名 動 主に「金を稼ぐ」の意味。元来は、頑張る、押し進む、急ぐ、テキパキやるなどの意味がある。

　一般的なスラングとしての「ハスル」には「いかがわしい手段で金を儲ける」という意味があるが、ヒップホップ文脈で「ハスル」と言った場合は、「(合法・違法を問わず)金を稼ぐために頑張って働くこと」を意味する。つまり「金を稼いでいる＝ハスルしている」ということだ。

　自力で金を稼いでのし上がることを美徳とするヒップホップの世界では、リック・ロスの「Hustlin'」(2006年)やエイス・フッドの「Hustle Hard」(2011年)をはじめ、「ハスル」を題材にした曲が多い。ケンドリック・ラマーは「DNA.」(2017年)で「I got hustle though, ambition, flow, inside my DNA.(ハスル、野望、フロウが俺のDNAの中に入ってる)」とライム (P.42) している。なお、「ハスラー(Hustler)もしくはハスラ(Hustla)」といえば、非暴力的な違法行為(ギャンブルなど)で金を稼ぐ人を指す。

大学(カレッジ)の学費を払うために ハードにハスルしてる。

*I'm **hustling** hard to pay for college.*

第4章 様子／行動

> **MEMO**
>
> 「仕事／労働」と言う代わりに「ハスル」を使ってみよう。ちなみに、サイド・ハスル(Side hustle)で「副業」という意味になる。例「俺の本業はラッパー。警備員のバイトはあくまでサイド・ハスルだ」。

JAY-Z

BEEF
ビーフ

実用度:
🎤🎤🎤🎤🎤

名 原義は「牛肉」だが、俗語で「不平、不満」という意味があるため、ヒップホップ界では、対立、いざこざ、抗争、トラブルといった意味で使われるようになった。

ヒップホップの世界で頻繁に登場する言葉「ビーフ」を端的に説明しているのが、ノトーリアス・B.I.G.の「What's Beef」(1997年)のリリック (P.46) だ。

「What's beef? Beef is when you need 2 Gats to go to sleep (ビーフって何だ？ 眠る時に拳銃が2丁必要な時のこと) ／ Beef is when your moms ain't safe up in the streets (ビーフとは、お袋が安心して外を歩けない時のこと) ／ Beef is when I see you guaranteed to be in ICU, one more time (ビーフとは、俺がお前を見かけた時に必ず集中治療室送りにしてやるということ) ／ What's beef? Beef is when you make your enemies start your Jeep (ビーフって何だ？ 敵にジープのエンジンをかけさせる時のこと) 〈注:抗争中の敵の車に細工して爆発させるのは、マフィアによる暗殺の常套手段であるため〉」。

俺にビーフを仕掛けんなよ。
俺は喧嘩のプロなんだから……。

*You don't want no **beef** with me.
I have a black belt in ass-kicking...*

第4章

様子／行動

MEMO

そこまで深刻な状況でなくても、「揉めごと」「争いごと」の意味で「ビーフ」を使ってみよう。なお、ビーフは「バッド・ブラッド（Bad blood ／悪感情、敵意、反目、諍い）」と言い換えることも可能だ。

Biz Markie

RESPECT
リスペクト

実用度:
🎤🎤🎤🎤🎤

名 動 尊敬（する）、尊重（する）、（法律などを）遵守（する）の意味。

　ヒップホップ、ひいてはブラック・カルチャーで、「アス（Ass）」(P.12)が股間に響く重要ワードだとすれば、「リスペクト」は魂（ソウル）に響く重要ワードだ。人種差別と闘った公民権運動やブラック・パンサー党の活動は、アメリカの黒人たちが「人間としての尊厳（リスペクト）」を社会に求めた運動とも言えるからだ。

　また、ヒップホップの世界はギャングスタ(P.96)的なメンタリティも持ちあわせているため、「リスペクトされない（ナメられる）」ことを一大事と考える。例えば、バードマンがとあるラジオ番組で司会者たちに凄み、2分強でインタヴューを強制終了した際の捨て台詞は「Put some respect on my name.（俺の名前をリスペクトしろ＝俺をナメんなよ）」であった。ヒップホップ界では、「好かれること」よりも「リスペクトされること」の方が遥かに重要なのだ。

俺のこと、
別に好きになる必要はないけど
リスペクトはしろよ。

*You ain't gotta like me, but you will **respect** me.*

> **MEMO**
>
> 上記のフレーズは「俺を尊敬しろ」というよりも、「尊重しろ」「敬意を払え」といったニュアンスだ。なお、「支持、敬意」などの意味で使われる「プロップス（Props＝Proper respectの略）」という言葉もある。リスペクトとセットで覚えておこう。

第4章 様子／行動

Birdman

REPRESENT
レペゼン

実用度：

動「〜を代表する」「〜を象徴する」「〜の典型となる」の意味。

　地元愛と仲間意識の強いヒップホッパーがよく使う言葉。「自分の地元、自分が所属するグループ、自分の立場、自分の文化的スタイルなどを代表すること」「自分が所属するグループの見本として振る舞うこと」「自分が所属するグループの見本となるほどの見事なパフォーマンスをすること」を意味する。

　「俺はブルックリンをレペゼン（I represent Brooklyn.）」、「私は働く女性をレペゼン（I'm representing for working women.）」というように使われるが、「ブルックリン」や「働く女性」といった目的語を入れず、単純に「レペゼンするぞ！（Represent!）」と言うこともできる。これは「（自分のグループの見本となるほど）ガチにやってやる！」というニュアンスになる。

俺は地元(マイ・フッド)をレペゼンするぞ!

*I **represent** my hood!*

MEMO

「代表」という意味で使ってみた例。例えばビジネスパーソンなら「営業部をレペゼンして、契約を取ってきます!」などのフレーズも考えられる。

Roxanne Shanté

SKIT
スキット

実用度:

名 寸劇、スケッチの意味。

　ヒップホップにおける「スキット」は、アルバムやミックステープ (P.62) の曲間に挿入される寸劇のことを指す。ヒップホップ・スキットのパイオニアはデ・ラ・ソウル。彼らはアルバム『3 Feet High and Rising』(1989年)、『De La Soul Is Dead』(1991年)で曲間に多数のスキットを挿入した。

　その後、ギャングスタ・ラップ (P.96) がピンプ (P.142) やホー (P.148)、銃などを盛り込んだスキットをアルバムに入れはじめ、90年代から2000年代前半にスキット全盛時代が訪れる。無料ミックステープやストリーミング・サーヴィスなどなかった当時は「CDの収録曲数が多いほどお得」と考えるファンが多かったため、なるべく多くの曲を収録する傾向にあったという説もある。スキットはアルバムの時間を埋めるのに効果的な手法で、アルバムの長さをCD収録可能時間ギリギリの77分にするアーティストも多かった。

昨日の『楽しい英語』のスキットはひどかったな！

*Last night's "Tanoshii Eigo" **skits** sucked!*

第4章 様子／行動

> **MEMO**
>
> 日本で「スキット」というと、テレビやラジオの語学番組で、会話の実例を示すために演じられる寸劇（海外出張に行くことになったスズキさんは……的なアレ）が身近な存在だ。なおアメリカでは、『サタデー・ナイト・ライヴ』などのコメディ番組で演じられるコントを「スキット」と呼ぶ。

De La Soul

127

BOASTING
ボースティング

実用度:

名「自慢すること」「自画自賛すること」「豪語すること」「大言壮語する(ハッタリをかます)こと」を意味する。

　「ボースティング」とは、才能や功績、能力について、「自分がいかにすごいかを語ること」を意味する。ラップのスキル、金儲けの才能、モテ度、セックスの凄さ、喧嘩の強さなど、あらゆることがボースティングのネタとなる。ヒップホップは基本、「話を盛ってナンボ」な世界なため、謙虚が美徳とされる日本に生まれ育った少年少女であっても、ヒップホップの舞台では「ブラギング・アンド・ボースティング（Bragging and Boasting＝自画自賛して大口を叩くこと）」な姿勢を保つのが基本だ。

　なお、性豪自慢をするラッパーは多いが、筆者の長年にわたる地道な聞き込み調査から導き出された結論は「黒人男子のセックスも、日本人男子のセックスも、そんなに変わらない。こればっかりは人による」ということである。日本男児の皆さんは、ラッパーのボースティングに惑わされず、自身の技の研鑽と女子への「おもてなし」に心血を注いでほしい。

あいつ、ラップでは
ボースティングしてるけど、
実際は謙虚だよ。

*He **boasts** in his raps but he's actually humble in real life.*

第4章

様子／行動

MEMO

日本で使われる「セルフボースティング」は和製英語。「ボースティング」という言葉自体が「自慢すること、自画自賛すること」を意味するため、「セルフ」を付ける必要はない。

Lil Wayne

VIBES (VIBE)
ヴァイブス

実用度:
🎤🎤🎤🎤🎤

名 雰囲気、フィーリング、趣(おもむき)を意味する。「振動(VIBRATION)」が原義(著者注:日本語では「ヴァイブス」が主流だが、英語では「ヴァイブ(VIBE)」と単数形で用いられることが多い)。

振動が「目には見えないが伝わってくる」のと同様に、ヴァイブスも「目には見えないが感じられる空気」や「言葉以外のところで伝わってくる雰囲気」、さらには「人や場所などを見て起こる(直観的な)感情」を意味する。

ヴァイブスは音楽や人、場所など、様々な対象に使える。例えば、音楽を聴いて「オールドスクール(P.104)っぽい」と感じたら「この曲にはオールドスクールなヴァイブス(Old-school vibe)がある」と言ったり、ちょっと嫌な感じの人について「彼からはバッド・ヴァイブス(Bad vibe)が出ている」と表現したり、雰囲気のいい場所に行った時に「ここにはグッド・ヴァイブス(Good vibe)が漂ってる」などと言うことも可能だ。

彼のヴァイブスは最高。いつもおおらかでリラックスしてる。

*I love his **vibe**. He's always easy-going and relaxed.*

MEMO

「雰囲気／オーラ」というニュアンスで使った例。なお、「空気が読めない」という意味で「彼はヴァイブス(言外の雰囲気／空気)が読めない」という使い方もできる。

Afu-Ra

COLUMN 4

恋愛とセックスにまつわるスラング Part4

　バーやクラブで出会い、その夜のうちにセックスした場合、その後も単なる「FLING（＝火遊びの相手）」として、「HORNY（＝ムラムラする）」な時に会うだけの関係で終わることが大半だが、中にはそこから関係が発展し、真剣な交際や結婚に至るカップルも実は数多く存在する。

　そして、多くの女性と浮名を流す男性は「PLAYA、MACK、LADIES MAN」などと呼ばれて羨望の眼差しを浴びるが、これが女性となると、ヘイターからは「HOE、THOT（＝ヤリ○ン）」と非難を浴びることも多い。しかし、「身持ちの堅い不美人どころか、身持ちの堅い地味美女よりも、ゴージャスなヤリ○ン美女の方が良い」と考える男性もアメリカには多数おり、「SQUEAKY CLEAN（＝清廉潔白）」な処女性も求められないので、ゴージャスなヤリ○ンは、恋のチャンスに事欠かない。こうして、カニエ・ウェストは、キム・カーダシアンに「WHIPPED（PUSSY-WHIPPED）（＝骨抜き）」にされて、「SPRUNG（＝どハマり）」し、「有名な黒人男性とは、ほぼ全員ヤっているのでは？」とまで言われていたキムを「BAE（＝ベイビー、彼女）」とし、「PUT A RING ON IT（＝婚約する、結婚する）」した（のだろう）。

THE JAPANESE BEGINNER'S GUIDE TO
HIP-HOP SLANG

第5章

仲間／女性／他人

CREW
HOMIE
HEAD
B-BOY
PIMP
CHICK
BITCH
HOE
GOLD DIGGER
COMPETITION
FIVE-O
BABYLON
HATER
NIGGA

CREW
クルー

実用度:
🎤🎤🎤🎙️🎙️

名 仲間、社会的集団。原義は特定の仕事に携わる人々の集団、一緒に働く人々の集団。同義語にポッセ(Posse)がある(著者注:英語の発音は「パッシ」に近い)。

　1991年8月5日号の『ニューヨーク・マガジン』によれば、クルーやポッセは、元はドラッグ・ディーラーが使っていた言葉らしい。ストリート (P.80) の子どもたちがそれを真似するようになり、「ビジネス（ドラッグの取引、窃盗、喧嘩等）や遊びでチームを組む仲間」という意味で使われるようになったという。

　名前にそのまま「クルー」を冠していたジュース・クルーをはじめ、ウルトラマグネティックMC's、ネイティヴ・タンズ、ウータン・クラン、エイサップ・モブ、オッド・フューチャーなど、ヒップホップ・クルーは枚挙に暇がない。レーベルのアーティスト集団をクルーと呼ぶこともも多い。80〜90年代は、4人以上のラッパーがマイクリレーをして作り出すポッセ・カット（Posse cut）が流行した。ア・トライブ・コールド・クエストの「Scenario」(1992年)や、ウータン・クランの「Protect Ya Neck」(1992年)がポッセ・カットの代表例だ。

これが俺のクルーだ！
俺たち全員、埼玉出身！

*This is my **crew**!
We are all straight outta Saitama!*

第5章　仲間／女性／他人

> **MEMO**
>
> 仕事仲間や親しい友達などを指す時に使ってみよう。ストリートから生まれたカルチャーであるヒップホップは、クルーを重んじる。調子がいい時も悪い時も、クルーを大切に！

Ultramagnetic MC's

HOMIE
ホーミー

実用度:

名 地元の仲間、友達、親友の意味。

　昔は「黒人（ブラック・ピープル）」という意味もあったと言われているが、今は人種関係なく「仲間」という意味で使われる。同義語に「ホームボーイ（Homeboy）」「ホームガール（Homegirl）」「ホームス（Homes）」などがあり、このホームは「地元／近所」を意味する。ホーミーは、ストリート・ギャング全盛期の90年代に多用された。例えば、1993年にR&B／ヒップホップ・チャートで6週連続ナンバーワンを記録し（全米チャートは4位）、ミリオンセラーの大ヒットとなったDRSの「Gangsta Lean」では、「This is for my homies.（これは俺のホーミーたちに捧げる曲）」というフレーズが繰り返されている。

　ちなみにヒスパニック系のストリート・ギャングが呼びかけによく使うスペイン語は、「エセ（Ese）」。ヒスパニック系ラッパーのリリック（P.46）にこの言葉が出てきた時は「あ、これは仲間って意味なんだな」という感じで、覚えておいても損はないだろう。

俺はジャーメイン。
ホーミーたちには
メイノって呼ばれてる。

*I'm Jermaine.
My **homies** call me Maino.*

第5章

MEMO

「地元の友達／仲間」という意味で使っている例。ホーミーは同じく「仲間、友達」という意味を持つ「マイ・メン（My man）」と言い換えることもできる。

仲間／女性／他人

Pete Rock & CL Smooth

HEAD
ヘッド

実用度：
🎤🎤🎤🎤🎤

名 日本語では「ヒップホップ・ファン」のことを指す。ただし、英語で単に「ヘッド（ヘッズ）」と言った場合は、「オーラル・セックス」の意味にもなる。

マーヴィン・ゲイの「Soon I'll Be Loving You Again」（1976年）の中でも「I'm gonna give you some head baby.（ベイビー、俺が舐めてあげるからね）」と歌われているほど、アメリカにおいて「ヘッド＝オーラル・セックス」という認識は古くから存在している。余計な誤解を招かないためにも、「ヒップホップ・ファン」の意味で「ヘッド」を使う場合は、「ヒップホップ・ヘッド（ヘッズ）」と言おう。

なお、ヘッドは「グループの長、代表」という意味でもよく使われている。例えば「H.N.I.C.」というスラングは「Head Nigga In Charge（場を仕切るボス）」の略語で、ケンドリック・ラマーもK.Dot名義のミックステープ (P.62) で「Y.H.N.I.C.（Youngest Head Nigga In Charge）と同語を使っていた。ただしこのスラングにはNワード (P.160) が入っているので、黒人以外が使うべきではない。意味だけ知っておけば十分だろう。

俺はディープなリリックを
こよなく愛する
ヒップホップ・ヘッドだ。

I'm a serious hip-hop **head** who appreciates deep lyrics.

MEMO

「ヒップホップ・ファン」という意味を持つこの言葉は、「ヒップホップに夢中の男性」という意味の「Bボーイ」と近い。

第5章

仲間／女性／他人

Kris Kross

B-BOY
Bボーイ

実用度:

名 ヒップホップに傾倒する男性。女性ヴァージョンはBガール（B-GIRL）。

　「Bボーイ」という言葉は、ヒップホップ・パーティの祖、DJクール・ハークが作り出したとされている。彼がパーティ中に曲のブレイク（ブレイクビート）をかけると会場は特に盛り上がり、ダンサーたちがアクロバティックなダンス（Breaking / B-boying）を披露した。やがて、そのダンサーのことを「ブレイク・ボーイ／Bボーイ」と呼ぶようになったという。

　その後、ヒップホップ文化の浸透とともに、Bボーイは広義で使われるようになり、現在は一般的に「ヒップホップ・カルチャーに傾倒する男性／ヒップホップ・カルチャーを担う男性」を意味するようになった。

クラブの中、
Bボーイ・スタンスでチルってる。

*Chillin' in the club in my **B-boy** stance.*

第5章 仲間／女性／他人

MEMO

「Bボーイ・スタンス(B-boy Stance)」とは、RUN-DMCやLL・クール・Jなど、オールドスクールなラッパーの写真でよく目にする「両手を組んでクールにキメる」ポーズのことを指している。

Grandmaster Flash

PIMP
ピンプ

実用度:
🎤🎤🎤🎤🎤

名 動「女性にモテる男性」「複数の女性と交際している男性」を意味する。原義は「売春斡旋業者」「売春婦のヒモ」。動詞の意味については本文を参照。

マッチョなヒップホップの世界（に限らず、一般社会でもそうだろうが）では、「女性にモテること」が重要視される。複数の女性を魅了して、自分の思うままに利用できる男性は、「売春婦のヒモ」という原義を持つ「ピンプ」、もしくは「プレイヤー／プレイヤ（Player/Playa）」と呼ばれて羨望の的となる。ネリーのヒット曲「Pimp Juice」(2002年)のタイトルになっている「ピンプ・ジュース」は、異性を惹きつける何か（＝お金、名声、頭脳、フェロモンなど）を意味する。

動詞としての「ピンプ」は、「売春を斡旋する」という通常の意味の他に「（人／物を）利用する／操る」「（物に）カッコ良く手を加える」という意味を持つ。例えば、イグジビットの司会で人気を博したMTVの『Pimp My Ride』は「俺の車をクールに改造してくれ」という意味になる。

ピンプ稼業も楽じゃないよ。

Pimpin' ain't easy.

MEMO

「モテモテの遊び人でいるのも楽じゃない」というニュアンスで使ってみた例。誰かにピンプやプレイヤーと呼ばれたら、「女性にモテているヤツ」という意味の褒め言葉と捉えてもいいだろう。

第5章 仲間／女性／他人

Slick Rick

CHICK
チック

実用度:

名 女性(特に若い女性)を意味する。原義はひな鳥、ひよこ。

　「チック」は、若い女性、特に可愛い女性に使われることが多い言葉だ。チックを使った一般的なフレーズとしては、「チック・リット(Chick lit)」や「チック・フリック(Chick flick)」が挙げられる。前者の「リット」は「Literature(文学)」を意味し、後者の「フリック」は「映画」を意味する。チック・リット、チック・フリックの代表的な例は『ブリジット・ジョーンズの日記』(2001年)や『イン・ハー・シューズ』(2005年)など。つまり、それぞれ「女性向けの小説」、「女性向けの映画(ロマンス映画など)」を指す。

　ちなみに、「愛人、浮気相手の女」を意味する「サイド・チック(Side chick)」というフレーズも黒人コミュニティではよく使われている。

昨夜のクラブには
ホットな**チック**がたくさんいた！

*There were a bunch of hot **chicks** at the club last night!*

第5章

仲間／女性／他人

MEMO

「チック」には特に侮辱的な意味合いはないが、非常にカジュアルな言葉なだけに、分別なくそう呼ばれることを嫌がる女性も少なくない。「女の子、女性」を意味する言葉としては「ガール」や「ウーマン」の方が無難だ。

Queen Latifah

# BITCH
ビッチ

実用度：

名 動 嫌な女、ムカつく女の意味で使われる。動詞として使われる場合は「文句を言う」の意味になる。ふざけて「ビアッチ／ビヨッチ（Biatch / Beeyotch）」と発音されることも。原義は「メス犬」。

　クイーン・ラティファ姐さんが「Who you calling a bitch?（誰のことビッチって呼んでんの？）」と「U.N.I.T.Y.」（1993年）の冒頭でタンカを切っているように、「ビッチ」は一般的に侮辱的な言葉とされている。しかし、アメリカでは仲の良い女子の間でお互いをビッチと呼びあうことも多く、普通に「女性」を意味する言葉として使われることもある。

　また、近年では「ビッチ→嫌な女→男の思い通りにならない女→自分の意見を持つ、自立した強い女性」といった意味も含まれるようになってきたため、自らビッチを名乗る女性もいる。一方、男性に対してビッチと言った場合は「弱い男」を意味するため、非常に侮辱的になる。なおビッチには「難しいこと、辛いこと、大変なこと」という意味もある。例えばNASの「Life's a bitch」（1994年）は「人生は辛いもの」という意味だ。

あの女の態度、最悪すぎ！ガチなビッチだよ！

*I can't believe her stinky attitude! She's such a **bitch**!*

MEMO

「嫌な女」という意味で使った例。日本では「ビッチ＝ヤリマ○」というイメージがあるが、英語圏でヤリマ○は「ホー（Whore/Hoe）」や「スラット（Slut）」と呼ばれ、ビッチとは呼ばれない。

第5章 仲間／女性／他人

Lil' Kim

HOE
ホー

実用度：

名 ふしだらな女性、誰とでも寝る女性を意味する。原義は売春婦（Whore）。

　ちょっと誘われると、すぐに股を開いてしまう女性。端的に言えば「ヤリマ○」のことである。いわゆる「肉食系」の女性も、ヤリまくっていることには変わりないので（人類皆兄弟！）、「ホー」のカテゴリーに入る。「ビッチ (P.146)」が（仲の良い）女性同士で親しみを込めて使われるのに対し、冗談めかして使われる以外は、女性同士が「ホー」と呼びあうことはない。また、男性が自分の妻や恋人のことを「マイ・ビッチ」と言うことはあっても、「マイ・ホー」と言うことはない。男性にとって、ホーはあくまで「遊び」の存在だからだ。

　なお、多くの人から注目を浴びるためなら何でもする女性は「アテンション・ホー（Attention whore）」と呼ばれ、中でもSNSで注目を浴びるために必死な女性は「ソーシャル・メディア・ホー（Social media whore）」と呼ばれる。

え？ 全員と寝た？
あんたって、ガチなホーだよね！

*WTF? You slept with all of them?
Girl, you're such a **hoe**!*

第5章

MEMO

「ヤリマ○」という意味なので、使い所には気をつけよう。なお「ホー」や「ビッチ」という言葉を特に見下すつもりもなく、単に「女性」という意味で使う男性（特にラッパー）もいる。

仲間／女性／他人

Too $hort

GOLD DIGGER
ゴールド・ディガー

実用度：

名 「金目当てで異性と付き合う人」の意味で使われる。原義は「金鉱を掘る人」。

　EPMD が「Gold Digger」(1990年)で「Most women strictly out for the dough（大体の女は金目当て）／They're called gold diggers.（彼女たちはゴールド・ディガーって呼ばれてる）」とラップしているように、「ゴールド・ディガー」は「金目当てで男性と付き合う／結婚する女性」を意味していたが、近年では「金目当てでリッチな女性と付き合う男性」にも使われるようになった。

　アメリカのヒップホップやスポーツの世界で目立つのは、ムチムチの体と布面積の狭い服を武器に男の股間へと果敢に切り込むゴールド・ディガー女子だ。シャキール・オニールの元妻シャウニーがプロデュースするリアリティ番組『バスケットボール・ワイヴス（Basketball Wives）』は、ゴールド・ディガー系女子の生活様式やファッション、思考回路が学べる興味深い番組だ（あまり見すぎると脳みそが溶けるので注意）。

あの娘には気をつけろ。ゴールド・ディガーだからな！

Be careful with that girl.
*She's a **gold digger**!*

MEMO

ゴールド・ディガーは「財産目当て」という意味で、使い古された日本語だが「玉の輿狙い」に近い。もちろんいい意味ではないので、面と向かって「君はゴールド・ディガーだね」なんて言うと失礼に当たる。

第5章　仲間／女性／他人

Kanye West

# COMPETITION
コンペティション

実用度：

名 ①競争、優劣を決める争い。②競争相手、ライヴァル。③試合、コンペ、コンテスト。これはスラングではなく、一般的な言葉。特にヒップホップ、スポーツ、ビジネスの世界で多用される。

　ヒップホップは激しいコンペティション（競争）の世界であり、リリック（P.46）は「俺がいかに素晴らしいか。お前（敵）がいかにチンカスであるか」を説くものが多い。ヒップホップ・リリックの辞書に「謙虚」という言葉は存在しないのだ。社会的な問題に対して真摯に向きあうコンシャス（P.102）系アーティストですら「自分こそが最高である。他のラッパーは雑魚」という点は揺るがない。彼らは決して「○○さんとのご縁に感謝」「皆さんのおかげです」といった謙虚な台詞を口走ったりはしないのだ。

　ケンドリック・ラマーは「謙虚」という意味を持つタイトルの曲「HUMBLE.」（2017年）をリリースしているが、この曲ではコンペティションに対して「Bitch sit down, be humble.（ビッチ、落ち着けよ、謙虚になれ）」と命じている（男性をビッチと呼ぶのは、最大の侮辱とされる。詳細はP.146）。

次のバトルで コンペティションを ボコボコにしてやる。

*I will destroy the **competition** in the next battle.*

MEMO

コンペティションを「ライヴァル」という意味で使ってみた例。謙虚とは対極にあるマインドが肝要なヒップホップ世界では、「ノー・コンペティション(ライバルがいない=無敵)」という言葉がよく使われる。

第5章　仲間／女性／他人

Eminem

FIVE-O
ファイヴ・オー

実用度:

名 警察の別称。テレビ番組『Hawaii Five-0』に由来する。

　「ファイヴ・オー」の語源となっている『Hawaii Five-0』は、ハワイ州知事直轄の特別捜査班が凶悪犯罪に挑むドラマ。1968〜1980年に放映されたアメリカの人気TV番組で、2010年からはリメイク版が放映されている。2003年に『ロー&オーダー(Law & Order)』に記録を抜かれるまで、アメリカで最長寿の刑事ドラマだった。なおタイトルの「Five-0」は、ハワイがアメリカの「50番目の州」であることに由来している。

　「ファイヴ・オー」のほかにも、警察／警官に関連するスラングは数多い。代表的な例としては、「Boys In Blue」(警官の制服が青いことから)、「Cruiser」(パトカー)、「Dick」(Detective＝刑事)、「Feds」(連邦法執行機関、特にFBIこと連邦捜査局と連邦保安局)、「Paddy Wagon」(護送車)、「Pig」(警官)、「Po-Po」(警察)などが挙げられるが、侮辱的なニュアンスを持つものが多いので、警官に対して直接使うべきではない。

ヤベえ、ファイヴ・オーが来た！逃げるぞ！

*Shit! **Five-0** is coming!
Let's get the fuck outta here!*

第5章

仲間／女性／他人

> **MEMO**
>
> ヒップホップのリリックには、ファイヴ・オーが登場することが多い。覆面警官を題材にしたドクター・ドレーとスヌープ・ドッグによる「Deep Cover」(1992年)のイントロでは、ドラッグをやろうとしない人物に対し、スヌープが「I think you 5-0（お前、ファイヴ・オーだろ）」とツッコミを入れている。

MF Doom

The Japanese Beginner's Guide to Hip-Hop Slang

BABYLON
バビロン

実用度：

🎤🎤🎙🎙🎙

名「強大で腐敗した権力（特に警察）」を意味し、「退廃と悪徳の都」の象徴としても使われる。

「バビロン」は聖書に登場する古代都市。世界で最も豊かで強大な都市だったが、神の怒りを受けて陥落し、消滅してしまった。ジャマイカのラスタファリアンはここからインスピレーションを受けて、西洋社会全般を退廃と悪徳の都であるバビロンと比較するようになった。そして、人民を抑圧し、迫害する者たちを総称して「バビロン」と呼ぶようになった。なお、政府は「バビロン・システム」とも呼ばれている。

やがてこの言葉はジャマイカからアメリカのヒップホップ界にも広まり、近年では、2015年にメリーランド州ボルチモアで警官がフレディ・グレイを殺害した事件を受け、黒人を標的として迫害するアメリカの警察について語った「Babylon」（2017年）をジョーイ・バッドアスが発表したのが記憶に新しい。

俺たちはバビロンと闘わなきゃならない！

*We have to fight against **Babylon**!*

> **MEMO**
>
> 「腐敗した権力」という意味で使った例。物質主義で欲にまみれたアメリカは「現代のバビロン（退廃と悪徳の都）」と呼ばれることもある。

第5章

仲間／女性／他人

Busta Rhymes

HATER
ヘイター

実用度:

名 他人の成功や才能に嫉妬し、反感を持つ人のこと。昔は「プレイヤヘイター（Playahater）」が使われていたが、最近は「ヘイター」が主流。

　他人に良いことが起こった時にそれを祝福できず、嫉妬のあまりその人の悪口を言う人は、概して「ヘイター」と呼ばれる。今日使われている「ヘイト（Hate）」の中には、「嫉妬」だけでなく、「個人的な敵意／憎悪から、過度に悪口を言う／中傷すること」も含まれているようだ。アーティストとして成功すると、ヘイターの理不尽な中傷にさらされることもあるが、クリス・ブラウンは「Privacy」(2017年)で「I don't really give a fuck what a hater say.（ヘイターが何を言おうと、俺は気にしない）」と切り捨てている。

　なお、「ヘイター」は「嫉妬する人」を表す言葉だが、「ヘイト・オン・○○（Hate on ○○）」と言うと「○○（の成功や才能、幸運）をねたむ」という動詞になる。

あんなヤツら気にすんなよ。
ヘイターなだけだから。

Don't pay them no mind.
*They're just **haters**.*

第5章

仲間／女性／他人

MEMO

「理不尽な憎しみを持つ人」という意味で使った例。例えば、昇進した同僚について「あいつは上司にキス・アス（Kiss-ass／ゴマすり）ばかりしてるから昇進したんだよ！」と言っている人には、「ヘイターになるなよ」とツッコミを入れることもできる。

Public Enemy

NIGGA
ニガ

名 元来の綴りと発音はNIGGER（ニガー）で、黒人に対する非常に侮辱的な言葉。これが黒人同士で「仲間」的な意味で親しみを込めて使われるようになり、彼らの発音に合わせてスペルもNIGGAとなった。

同語の使用については黒人の間でも意見が分かれており、特に他人種による使用は侮辱的と取られることが多い。公の場では直接的な表現を避けて「Nワード（N-Word）」と言われる。**この言葉を日本育ちの日本人がわざわざ使う必要は皆無だし、使うべきではないが**「カルチャーを理解する」という意味で、この頁ではNワードを取り巻く状況を紹介しよう。

「ニガーは奴隷のチェーン（鎖）を首に巻いた黒人男性。ニガはゴールド・チェーンを首にかけた黒人男性」。『Understanding Social Problems』（リンダ・A・ムーニー他・著）によれば、2パックはニガーとニガの違いをこう説明したそうだ。また、NASは2008年6月10日に筆者が行ったインタヴューで、2語の違いを次のように説明している。

「〈ニガー〉はアフリカン・アメリカンのホロコースト（大虐殺）

や奴隷制、さらには黒人に対する暴力やレイプ、破壊行為といった悲惨な歴史を含んでいる。一方、〈ニガ〉はアフリカン・アメリカンが元来の醜い言葉の力を奪い去って、ストリート (P.80) の言語、文化、スワガー (P.92) にしたものなんだ。だから、2つの言葉には違いがある。同じ意味ではないんだよ」

さらにNASはこの時、日本のヒップホップ・ファンに向けて、Nワードの使用に際し、以下のアドバイスを送っている。

「アフリカン・アメリカンに対して、決して〈ニガー〉を使ってはいけない。ニガは、ニガーよりはまだ許される言葉だ。というのも、これはストリートのライフスタイルであり、ヒップホップ文化の一部だからね。それでも、アジア人が黒人に対してこの言葉を使うべきではないと思う。Nワードには、やはり超えてはいけない線ってものが存在するんだ」

ノン・ブラックのヒップホップ・アーティストとして、メインストリームで最大の成功を収めたのはエミネムだが、彼は曲中でNワードを使用していない。エミネムが育った環境や交友関係を考えれば、彼の周囲にはNワードが蔓延っていただろうし、彼自身も仲間内の会話では使っているのかもしれない。しかし、少なくとも公の場でエミネムがNワードを発することはない。ここに彼の思慮深さと、ヒップホップやブラック・カルチャーに対する理解の深さとリスペクト (P.122) を感じることができる。

このように、1990年代から2000年代にかけては「黒人以外は(ニガーは当然として)ニガも使うべきではない」という意見がヒップホップ界でも主流だったが、2010年代に入ると、「黒人以外のヤツがニガと言っても気にしない」と考える若い世代が登

場しはじめた。

　例えば、1991年生まれのタイラー・ザ・クリエイターはニューヨークのラジオ局『HOT 97』にゲスト出演した際(2013年2月)、「白人がNワードを使っても俺たちの世代は気にしない。そんなこと気にしてるヤツらがいるから、未だに人種差別がなくならないんだ」と語っていた。

●筆者注：ヒップホップによって「ニガ」という言葉が広く浸透し、悪い意味で使われることがなくなったとしても、実際に警官によって黒人男性が相次いで殺害されている現状を考えると、「言葉を気にするから差別がなくならない」のではなく、「差別が根強く存在しているから、言葉を気にする人がいる」のではないだろうか。私事で恐縮だが、「（警官にとって）最も脅威的でない」とされるアジア人女性の筆者ですら、留学時代に警官のハラスメントを受けたことは複数回あり、警官の黒人に対する暴力的な振る舞いも目撃しているため、ゲットーの警官がいかに差別的かを肌で知っている。このことから、タイラーはあまり警察の脅威を受けることのない環境で育ったのではないか？　と思わざるを得ない。

　タイラーのように、「使い方に悪意がなければ、黒人以外がニガと言っていても気にならない」と考える人は増えているようだが、そうなると何も考えずにNワードを連発する思慮の浅い人々も出てくる。同語を気にしない黒人の前で使う分には問題ないのだろうが、「ニガ」に対する受け取り方は人によって違うため、「他人種がニガを使うのは侮辱的」と感じる人に対して同語が使われた場合、問題が生じる。例えば、ポップ・スターのケイティ・ペリーは、シカゴのプロデューサー (P.66)、メイノに面と向かって「ニガ」を使い、「侮辱的だから止めてほしい」と言われたにもかかわらず、なぜ侮辱的なのかも理解できず、同語を使い続けたという。

　また、2016年に「Dat $tick」が話題となったインドネシア出

身のコメディアン／ラッパー、リッチ・チガは、同曲の中でNワードを使い、一部で物議を醸した。彼は「(この言葉を使うことで) 言葉の力を奪い、皆がこの言葉に対して過敏にならなくなるよう」同語を使ったそうだが、後に「(黒人でない) 自分がそれをやるポジションにはいないってことに気づいたから、もうこの言葉は使わない。俺は過ちを犯した」と語っている。

このように、「ニガ」の使い方については、時代、環境、個人によって様々な考えがあり、意見が分かれる。しかし、繰り返しになるが日本人がわざわざ使う必要はないだろう。クールを気取り、黒人の真似をしてNワードを使うことは、ヒップホップの真髄である「オリジナルであること」からかけ離れた行為で、単純に「クソダサい」からだ。筆者の個人的な意見だが、警官の手によって理不尽に殺害される黒人がゼロになり、貧しいエリアのマイノリティまでが「え？　人種差別って何だっけ？」と思うようになった時こそが、Nワードが元来の意味を完全に消失する時、と言えるかもしれない。

なお黒人を意味する「ニグロ（Negro）」や「カラード（Colored）」も黒人以外の人種が使った場合は侮辱的とされることが多いため、日本人は使わない方がいいだろう。

N.W.A.

COLUMN 5

ドラッグにまつわるスラング

　ヒップホップや大衆文化には付きものの「ドラッグ」関連のスラングについて、簡単に紹介しよう。

エクスタシー／MDMA	E, MOLLY
LSD	ACID
オピオイド系鎮痛剤	CODEINE, OXYCODONE, MORPHINE, FENTANIL
クラック・コカイン	CRACK, CRACK COCAINE, CRACK HEAD（クラック依存症患者）, ROCKS
コカイン	COKE, SNOW, YAYO, WHITE LINE（粉末コカインを線状に並べたもの。これをストローで吸い上げる）
ヘロイン	BROWN SUGAR（ディアンジェロは「マリファナ」の意味で使っていたが、基本はヘロインの意）, SMACK
マリファナ	BLUNT（葉巻で巻いたマリファナ）, BROCCOLI, JOINT（細巻きのマリファナ煙草）, BUDDHA, CHEEBA, CHRONIC, ENDO, GANJA, GRASS, GREEN, HERB, HYDRO, POT, TREE, WEED, POT HEAD（マリファナ常用者）, PURP, 420, SATIVAとINDICA（大麻の品種はこの2つに大別される）
メタンフェタミン	METH, CRYSTAL METH
PCP	ANGEL DUST
咳止め薬とスプライトのミックス	DIRTY SPRITE, LEAN, PURPLE DRANK, SYRUP/SIZZURP

　日本では「マリファナ（大麻）」が「覚せい剤（メタンフェタミンやスピード／アンフェタミンなど）」と同等に「完全な悪（ダメ。ゼッタイ。）」として扱われているが、アメリカでは近年、医療用大麻、嗜好用大麻を合法化する州が増えている（ただし、連邦レヴェルでは未だ違法）。

THE JAPANESE BEGINNER'S GUIDE TO
HIP-HOP SLANG

第 6 章

挨拶／定番フレーズ

IN THE HOUSE
GIVE IT UP
PUT YOUR HANDS UP
A.K.A.
PEACE OUT
R.I.P.

IN THE HOUSE
イン・ザ・ハウス

実用度:
🎤🎤🎤🎙🎙

熟語「〜 is / are in the house」で、「〜が来た」「〜のお出ましだ」「〜がここにいる/ある」という意味で使う。原義は「家の中にいる」。

　コンサート会場やクラブ、テレビの収録スタジオでよく耳にするフレーズ。会場、クラブ、スタジオが「ハウス（家）」に喩えられており、「○○は、私たち/俺たちの中にいる」、「○○は観客の中にいる」といった意味を持つ。○○（人物）が会場にいることを伝えることで、観客はさらに盛り上がる。例えば、ビッグ・ショーンがコンサート中に、「(今日は) ジェネイ・アイコが会場に来てくれてるんだ」などと言う場合には、「ジェネイ・アイコ・イン・ザ・ハウス！ (Jhene Aiko's in the house!)」となる。

　なお、ハウスつながりのフレーズ「ロック・ザ・ハウス (Rock the house)」には、「会場をロックする (＝盛り上げる)」という意味がある。

○○
イン・ザ・ハウス!

○○'s *in the house*!

> **MEMO**

誰かを紹介する時に使ってみよう。基本的には、パーティやコンサート等でしか使用しないフレーズだが、ヒップホップ魂を持ったサラリーマンなら、憂鬱な会議の前に「部長・イン・ザ・ハウス!」など声をあげれば、会議室をイルなパーティ空間にできる……かも(誰かやってみて)。

Beastie Boys

GIVE IT UP
ギブ・イット・アップ

実用度：

句 「Give it up for ○○」で、「○○に拍手を送る」「○○に称賛を送る」という意味で使う。

　テレビ番組の司会者や、コンサート会場のアーティスト／出演者がよく使うフレーズ。この他にも、「メイク・サム・ノイズ（Make some noise for ○○）」「ショウ・サム・ラヴ（Show some love for ○○）」などが、「○○に拍手を送りましょう」「○○に声援を送りましょう」の意味で頻繁に使われる。

　ちなみに「Give it up」は「体を許す」というエロい意味でも使われる。例えば、ショーン・ポールの「(When You Gonna) Give It Up To Me」は「(君はいつ) ヤらせてくれるんだい？」という内容の曲だ。はやる男心を包み隠さず率直に（エゲツなく、とも言う）表現しながら、「今日ヤらせてくれないなら、明日はヤらせてくれるに違いない」とポジティヴ・ヴァイブス (P.130) 全開で意中の女性に迫る、ゲス度高くも憎めない名曲である。

○○にギブ・イット・アップ！

*Let's **give it up** for ○○!*

MEMO

コンサート会場などではもちろん、結婚式の二次会で「新郎新婦にギブ・イット・アップ！」、送別会で「ウェッサイ支社に転勤する○○くんにギブ・イット・アップ！」など、誰かに拍手を送る時に使ってみよう。

Mobb Deep

74

The Japanese Beginner's Guide to Hip-Hop Slang

PUT YOUR HANDS UP
プチャヘンザ

実用度:

熟語 「両手を挙げろ」の意味。

「プチャヘンザ！ プチャヘンザ！」と繰り返されるコンサート定番の掛け声のひとつ。両手を挙げたら、手のひらを上に向けて押し上げるように動かそう。やや古い表現だが「レイズ・ザ・ルーフ（Raise The Roof）」も「プチャヘンザ」と同義で、「屋根を持ち上げろ（屋根を持ち上げるように両手を挙げろ）」という意味になる。「プチャヘンザ」と並ぶコンサートの定番フレーズは、「Throw Your Hands in the Air」。こちらは手を挙げた後に「Wave 'em like you just don't care（知ったこっちゃねえって感じで両手を振ってくれ）」と続けて、両手を挙げたまま左右に大きく振るジェスチャーをさせる。

なお、アーティスト以外にも「プチャヘンザ」というフレーズをよく使う仕事人がいる。警察官だ。彼らに「プチャヘンザ！」と言われた場合は、大人しく両手を挙げてそのまま動かさないこと。

会場にいる独身女性は
プチャヘンザ!

*All the single ladies in the house, **put your hands up**!*

> **MEMO**

パーティーを盛り上げたい時に使ってみよう。コンサート中にアーティストがこう言ったら、両手を挙げて盛り上がること!

Arrested Development

A.K.A. (A/K/A)
エー・ケイ・エー

実用度:
🎤🎤🎤🎤🎤

略 別名、別称、またの名を〜の意味。

　a.k.a.（エー・ケイ・エー）は「Also Known As（〜としても知られる）」の略語。「またの名を〜」という意味なので、例えばカニエ・ウェストなら「Kanye West a.k.a. Yeezy」、チャンス・ザ・ラッパーなら「Chance the Rapper a.k.a. Chano」、ドレイクなら「Drake a.k.a. Drizzy」というように、a.k.a.の後には別名や愛称などが来る。

　また、a.k.a.の他に「別名」として使われる単語に「エイリアス（Alias）」がある。例えば、「Marshal Mathers, alias Eminem」と言えば、「マーシャル・マザーズ、別名エミネム」となる。なお「エイリアス」は「（本名を隠すための）偽名」という意味でも使われる。

俺の地元は松戸市、
a.k.a. マッド・シティだ。

*My hood is Matsudo, **a.k.a.** MAD CITY.*

MEMO

このように人名だけでなく、地名などにも「a.k.a.」を使うことができる。あだ名や通称を言う時に使ってみよう。

第6章 挨拶／定番フレーズ

Blackstar

PEACE OUT
ピース・アウト

実用度:
🎤🎤🎤🎤🎤

熟語 別れの挨拶。「グッバイ」「じゃあな」「それじゃあ」「またな」「バイバイ」の意味で使われる。

　5パーセント・ネーションが「ピース」と挨拶していたことから、ヒップホップ界隈でこの言葉が挨拶として使われるようになった。これはイスラム教の挨拶「アッサラーム・アレイコム（Peace be unto you＝平安があなたにありますように）」に由来している。

　また、ラッパーやコメディアンはパフォーマンスを終えた後、「ピース・アウト」と言いながらマイクドロップ（マイクを落とすこと）してステージを去ることも多い。オバマ元大統領は、任期中最後となるホワイトハウス記者晩餐会(2016年4月30日)で、「オバマ・アウト（Obama out）」と言いながらマイクドロップしてスピーチを締めくくった。これには「ピース・アウト」と「オバマが任期を終えてホワイトハウスを去る」という意味が込められている。

会えて良かったよ。ピース・アウト！

*It was nice seeing you, man. **Peace out**!*

MEMO

「ピース・アウト」は、省略して「ピース！」とだけ言う場合もある。なお、ピースサインは人差し指と中指の2本を立てて作ることから、数字の「2」を意味する「デュース（Deuce）」も「ピース（アウト）」と同義で使われる。

第6章 挨拶／定番フレーズ

Frank Ocean

R.I.P.
アール・アイ・ピー

実用度：

略 「安らかに眠れ」「冥福を祈る」の意味。

　ヒップホップのリリックだけでなく、SNSでも頻繁に目にする「R.I.P.（アール・アイ・ピー）」。これはラテン語で「Requiescat in Pace」、英語では「Rest in Peace」を省略したもので、亡くなった人を追悼する言葉だ。例えば、2017年の6月にモブ・ディープのプロディジーが亡くなった時は、SNS上に「R.I.P.Prodigy」という投稿が並び、多くのファンが彼の冥福を祈っていた。

　R.I.P.は元来、墓石に刻まれていた言葉で、ヒップホップ用語ではない。しかし、リフレクション・エターナルが「Memories Live」(2000年)で「Cities where making 21's a big accomplishment. (21歳を迎えることが、偉業とされる街)」とライム (P.42) しているように、多くのリリック (P.46) では「フッド (P.84) に住むマイノリティ（特に黒人男性）のタフな生活環境」がやたらと強調される傾向にあり、急逝してしまうアーティストも多いため、「R.I.P.」が使われる頻度が高い。

亡くなった
仲間(ホーミー)たちにR.I.P.

R.I.P. to my homies that are dead and gone.

> **MEMO**
>
> 亡くなった人の冥福を祈る時に使う他、雑誌やテレビ番組などが終わってしまった時などにも、その終焉を嘆いて「R.I.P.」を使うことがある。また、政治家や有名人などが暴言や失言をした時などに、「あいつのキャリアも終わったな」という皮肉を込めて使うこともある。

第6章

挨拶／定番フレーズ

A Tribe Called Quest

INDEX
インデックス │ ABC順

● A
A.K.A. (エー・ケー・エー) 172
ASS (アス) 12

● B
B-BOY (ビーボーイ) 140
BABYLON (バビロン) 156
BEAT (ビート) 48
BEEF (ビーフ) 120
BITCH (ビッチ) 146
BLING (ブリング) 90
BOASTING (ボースティング) 128
BOUJEE (ブージー) 110

● C
CHICK (チック) 144
CHILL (チル) 108
CLASSIC (クラシック) 38
COMPETITION (コンペティション) 152
CONSCIOUS (コンシャス) 102
CREW (クルー) 134
CROSSOVER (クロスオーバー) 70
CYPHER (サイファー) 58

● D
DEF (デフ) 32
DICK (ディック) 22
DIG (ディグ) 114
DIS (ディス) 116

DOPE (ドープ) 28
DROP (ドロップ) 68

● F
FEATURE (フィーチャー) 60
FIVE-O (ファイヴ・オー) 154
FLOW (フロウ) 44
FREESTYLE (フリースタイル) 54
FUCK (ファック) 14

● G
GANGSTA (ギャングスタ) 96
GHETTO (ゲットー) 82
GIVE IT UP (ギブ・イット・アップ) 168
GOLD DIGGER (ゴールド・ディガー) .. 150
GRILL (グリル) 88

● H
HARDCORE (ハードコア) 100
HATER (ヘイター) 158
HEAD (ヘッド) 138
HOE (ホー) 148
HOMIE (ホーミー) 136
HOOD (フッド) 84
HOOK (フック) 52
HUSTLE (ハスル) 118

● I
ILL (イル) 30

IN THE HOUSE (イン・ザ・ハウス) 166

●L
LYRIC (リリック) 46

●M
MIXTAPE (ミックステープ) 62
MOTHERFUCKER (マザーファッカー).16

●N
NIGGA (ニガ) 160

●O
OLD SCHOOL (オールドスクール) 104

●P
PEACE OUT (ピース・アウト) 174
PIMP (ピンプ) 142
PRODUCE (プロデュース) 66
PROJECT (プロジェクト) 86
PUNCHLINE (パンチライン) 56
PUT YOUR HANDS UP (プチャヘンザ) 170

●R
R.I.P. (アール・アイ・ピー) 176
REPRESENT (レペゼン) 124
RESPECT (リスペクト) 122
RHYME (ライム) 42

●S
SAMPLE (サンプル) 40
SELL-OUT (セルアウト) 106
SHIT (シット) 18
SKIT (スキット) 126
SOUTH (サウス) 78
STREET-SMART (ストリート・スマート) 112
STREET (ストリート) 80
SUCKER (サッカー) 20
SWAG (スワッグ) 92

●T
THUG (サグ) 98
TRACK (トラック) 36

●U
UNDERGROUND (アンダーグラウンド) 72

●V
VERSE (ヴァース) 50
VIBES (ヴァイブス) 130
VINYL (ヴァイナル) 64

●W
WACK (ワック) 24
WANNABE (ワナビー) 26
WESTSIDE (ウェッサイ) 76

INDEX
インデックス | アイウエオ順

●ア
アール・アイ・ピー(R.I.P.) 176
アス(ASS) 12
アンダーグラウンド(UNDERGROUND) 72
イル(ILL) 30
イン・ザ・ハウス(IN THE HOUSE) 166
ヴァース(VERSE) 50
ヴァイナル(VINYL) 64
ヴァイブス(VIBES) 130
ウェッサイ(WESTSIDE) 76
エー・ケー・エー(A.K.A.) 172
オールドスクール(OLD SCHOOL) 104

●カ
ギブ・イット・アップ(GIVE IT UP) 168
ギャングスタ(GANGSTA) 96
クラシック(CLASSIC) 38
グリル(GRILL) 88
クルー(CREW) 134
クロスオーバー(CROSSOVER) 70
ゲットー(GHETTO) 82
ゴールド・ディガー(GOLD DIGGER) ... 150
コンシャス(CONSCIOUS) 102
コンペティション(COMPETITION) 152

●サ
サイファー(CYPHER) 58
サウス(SOUTH) 78
サグ(THUG) 98
サッカー(SUCKER) 20
サンプル(SAMPLE) 40
シット(SHIT) 18
スキット(SKIT) 126
ストリート・スマート(STREET-SMART) 112
ストリート(STREET) 80
スワッグ(SWAG) 92
セルアウト(SELL-OUT) 106

●タ
チック(CHICK) 144
チル(CHILL) 108
ディグ(DIG) 114
ディス(DIS) 116
ディック(DICK) 22
デフ(DEF) 32
ドープ(DOPE) 28
トラック(TRACK) 36
ドロップ(DROP) 68

●ナ
ニガ(NIGGA) 160

●ハ
ハードコア(HARDCORE) 100
ハスル(HUSTLE) 118
バビロン(BABYLON) 156
パンチライン(PUNCHLINE) 56
ピース・アウト(PEACE OUT) 174

ビート(BEAT) 48
ビーフ(BEEF) 120
ビーボーイ(B-BOY) 140
ビッチ(BITCH) 146
ピンプ(PIMP) 142
ファイヴ・オー(FIVE-O) 154
ファック(FUCK) 14
フィーチャー(FEATURE) 60
ブージー(BOUJEE) 110
プチャヘンザ(PUT YOUR HANDS UP) 170
フック(HOOK) 52
フッド(HOOD) 84
フリースタイル(FREESTYLE) 54
ブリング(BLING) 90
フロウ(FLOW) 44
プロジェクト(PROJECT) 86
プロデュース(PRODUCE) 66
ヘイター(HATER) 158
ヘッド(HEAD) 138
ホー(HOE) 148
ボースティング(BOASTING) 128
ホーミー(HOMIE) 136

●マ
マザーファッカー(MOTHERFUCKER) . 16
ミックステープ(MIXTAPE) 62

●ラ
ライム(RHYME) 42

リスペクト(RESPECT) 122
リリック(LYRIC) 46
レペゼン(REPRESENT) 124

●ワ
ワック(WACK) 24
ワナビー(WANNABE) 26